PANDEMIAS, CRISES E CAPITALISMO

ROSA MARIA MARQUES
MARCEL GUEDES LEITE
SOLANGE EMILENE BERWIG
MARCELO ÁLVARES DE LIMA DEPIERI

PANDEMIAS, CRISES E CAPITALISMO

1ª edição
Expressão Popular
São Paulo – 2021

Copyright © 2021, by Editora Expressão Popular Ltda.
Revisão: Aline Piva
Projeto gráfico e diagramação: Zap Design
Capa: Gustavo Motta

Dados Internacionais de Catalogação-na-Publicação (CIP)

P189	Pandemia, crises e capitalismo. / Rosa Maria Marques...[et al.]. —1.ed.– São Paulo : Expressão Popular, 2021. 160 p. : grafs., tabs.
	ISBN 978-65-5891-019-0
	1. Economia – Brasil. 2. Pandemia – Covid-19 - Brasil. 3. Saúde pública – Brasil. I. Marques, Rosa Maria. II. Título.

CDU 33(81)
CDD 330.81

Catalogação na Publicação: Eliane M. S. Jovanovich CRB 9/1250

1ª edição: março de 2021

Editora Expressão Popular Ltda
Rua Abolição, 201 – Bela Vista
CEP 01319-010 – São Paulo – SP
Tel: (11) 3112-0941 / 3105-9500
livraria@expressaopopular.com.br
www.expressaopopular.com.br
🔲 ed.expressaopopular
📷 editoraexpressaopopular

Sumário

Apresentação 7

Capítulo 1 – A economia mundial em marcha 9

Capítulo 2 – O Estado e o neoliberalismo 27

Capítulo 3 – A desigualdade sem máscara............................ 45

Capítulo 4 – A saúde pública ressignificada 65

Capítulo 5 – O retorno da renda mínima 85

Capítulo 6 – A grande ruptura no
                 mercado de trabalho.. 105

Capítulo 7 – A pandemia e o meio ambiente......................... 127

Referências 149

Sobre os autores 159

Apresentação

Este livro trata de "pandemias, crises e capitalismo", daí seu título. Seu elemento inspirador foi a pandemia de Covid-19 e, embora alguns dos capítulos tratem especificamente de aspectos de seu desenvolvimento e impactos, não se restringe a ela. Por isso, pandemias e crises estão no plural e não no singular.

Os três primeiros capítulos tratam do efeito da pandemia sobre a atividade econômica e sobre a desigualdade. No primeiro deles, se aborda a profundidade, a especificidade e as consequências da crise econômica, como o aguçamento das contradições que já estavam presentes antes da chegada da Covid-19. No segundo, é discutido o Estado no neoliberalismo, enfatizando que se trata de uma relação sociedade/Estado específica e que os princípios norteadores do neoliberalismo estão conformando todas as atividades humanas e suas subjetividades. Tem como ponto de apoio o entendimento de que o neoliberalismo é a expressão ideológica dos interesses do grande capital dominado pela finança, de modo que não é viável a dominância do capital a juros concomitantemente ao abandono das políticas neoliberais. Ao mesmo tempo, discute as medidas adotadas pelos governos para mitigar os efeitos da crise e da pandemia, mostrando que não há contradição entre essa postura e o neoliberalismo. O terceiro capítulo, por sua vez, trata das desigualdades reveladas e aprofundadas na pandemia.

Do capítulo 4 ao 7, são abordados temas que ganharam importância relativa durante o enfrentamento da crise sanitária. No capítulo 4, trata-se da ressignificação de pelo menos parte da saúde pública, dado que futuros momentos pandêmicos, semelhantes ou piores, ameaçam a humanidade. À discussão entre direito universal e meritocracia, que sempre moveu paixões na área da saúde, agora, se introduz uma nova cunha, dada a necessidade de os governos preservarem a soberania nacional e a coesão social.

O capítulo 5 aborda a discussão da renda mínima e parte de seu argumento é pressuposto do capítulo 6, que trata da grande ruptura que está ocorrendo no mercado de trabalho com a aceleração da indústria 4.0, internet das coisas e inteligência social. No capítulo 5, portanto, para além da necessidade de apoiar aqueles que perderam emprego e renda devido à pandemia, discute-se o imperativo de garantir uma renda adequada para os milhões de trabalhadores que estão sendo alijados do mercado de trabalho em função dos novos usos das tecnologias. Sua concessão, combinada com redução substantiva da jornada de trabalho, significaria uma apropriação social dos ganhos de produtividade, os quais são, em função da natureza do sistema em que vivemos, apropriados privadamente pelo capitalista individual. Por último, o capítulo 7 trata do meio ambiente, talvez a questão mais urgente que se coloca para a humanidade. Nele discute-se as razões da potencialização da sua degradação sob o capitalismo e a necessidade de se iniciar um processo de transição, mesmo que longo, que permita se estabelecer outra relação entre homem e sociedade. Essa questão tem estreita relação com a afirmação de que vivemos um período de pandemias e que a construção do futuro não pode ser adiada para amanhã.

Refletir sobre essas questões é o desafio que se propõe aqui. Boa leitura!

CAPÍTULO 1
A economia mundial em marcha

A chegada da pandemia de Covid-19 foi um choque para todas as economias do mundo. As atividades não essenciais foram, em geral, paralisadas em parte do ano de 2020. Além disso, muitas vezes as autoridades precisaram retomar medidas restritivas em função de novo surto ou mesmo da chegada da segunda onda da pandemia que, a despeito do início da vacinação em vários países, impediu que, no início de 2021, se voltasse à plena "normalidade" no que tange às atividades econômicas e mesmo sociais.

Durante mais da metade de 2020, uma das discussões que mobilizou a atenção de estudiosos de todas as áreas, especialmente de economistas, sociólogos e filósofos, que se revezavam na mídia tradicional e alternativa, e nas redes sociais, era se a crise era produto da pandemia, isto é, do isolamento social, ou se ela nada mais era do que o aprofundamento do que já vinha acontecendo no plano mundial. Nosso livro inicia-se com essa discussão. Trata-se de discutir o tamanho da crise e sua especificidade, de resgatar os problemas e dificuldades que já se faziam presentes na economia mundial, denunciando que a crise de 2007/2008 não havia sido ainda superada, e de evidenciar as contradições que se aprofundaram durante a pandemia. Que serão, certamente, a razão de uma nova crise mundial.

O tamanho e a especificidade da crise

A pandemia de Covid-19 provocou a maior crise econômica da história recente do capitalismo. Todos os países sofreram profundo recuo de seu nível de atividade, registrando quedas substanciais do Produto Interno Bruto (PIB) (com exceção da China), o que resultou em alta significativa do desemprego, da desigualdade e da pobreza. Trata-se da primeira pandemia, com tal virulência, sob um capitalismo caracterizado por sua mundialização, isto é, que se faz presente em todos os cantos do mundo e que estabeleceu incontáveis conexões entre empresas situadas em diferentes países. Em termos de PIB, não cabe nenhum paralelo com a crise de 2007/2008 (ou mesmo com a dos anos 1930).

Naquela crise, a economia mundial desacelerou, em 2008, apresentando um crescimento de 3,0% frente aos 5,7% do ano anterior, e em 2009 houve um recuo de 0,9% (FMI, 2010). Em 2020, contudo, a situação seria bem mais desesperadora.

Em março, a Organização Mundial da Saúde (OMS) declarou que a Covid-19, causada pelo novo coronavírus, era uma pandemia. Um mês depois, o relatório do Fundo Monetário Internacional (FMI) avaliou que o comércio mundial de bens e serviços diminuiria 11% em seu volume e a economia mundial iria apresentar retração de 3% no ano de 2020. A maior queda ocorreria na Zona do Euro, onde a perspectiva de recessão era de 7,5% e a taxa de desemprego subiria de 7,6% (2019) para 10,4%. Já os Estados Unidos (EUA) e a Alemanha deveriam apresentar um recuo de 5,9% e de 7% no PIB, respectivamente. Ainda em abril, a taxa de desemprego dos EUA subiu para 14,7%, a maior de sua série histórica, e o número de solicitações de seguro desemprego chegou a 33 milhões. No mundo, no segundo trimestre de 2020, a quantidade de horas de trabalho perdida equivaleu a 495 milhões de empregos (OIT, 2020). Além disso, estimava-se que, ao final de 2020, entre 90 e 120 milhões de pessoas estariam condenadas à extrema pobreza no mundo em desenvolvimento e que a desigualdade de renda em todos os países iria aumentar (Unctad, 2020, p. 3).

De abril em diante, seguiram-se outros relatórios desse organismo e de outras agências internacionais, tais como o Banco Mundial e a Organização para a Cooperação e Desenvolvimento Econômico (OCDE). Nesses relatórios, novas estimativas do desempenho das economias eram apresentadas, corrigindo as anteriores. Elas levavam em conta o nível de isolamento social e, portanto, da cessação das atividades, decorrente do avanço e da luta contra a doença, e a eficácia das medidas realizadas pelos governos para mitigar a crise. O auge do pessimismo – em termos de taxas negativas de evolução do PIB – ocorreu em junho, frente às informações de contágios e óbitos ocorridos em abril em países europeus e à divulgação dos primeiros dados de desempenho da economia relativos ao primeiro semestre. As últimas estimativas apresentadas pelas agências são, então, melhores do que as de junho (Tabela 1.1), na medida em que todas previam queda em torno de 4,3% do PIB mundial e vários países veriam suas economias encolherem assustadoramente.

Ainda em outubro, países europeus retomaram algumas restrições em função do que está sendo chamado de segunda onda da Covid-19. Entre esses países, destacam-se a Itália, Reino Unido e a Espanha, que registraram alta taxa de mortalidade por 10 mil habitantes durante a primeira onda (5,8 na Itália e 6,1 nos outros dois). Mesmo considerando que os governos desses países estejam evitando restringir as atividades, atuando mais no aspecto da sociabilidade no sentido restrito do termo, setores da economia ligados ao entretenimento e lazer estão sendo afetados.

Tabela 1.1 – Taxas estimadas de variação do PIB de 2020 para alguns países, segundo organismos internacionais

País/Região	FMI			Banco Mundial			OCDE			Cepal			Unctad*
	abr-20	jun-20	out-20	abr-20	jun-20	jan-21	jun-20	set-20	dez-20	jul-20	out-20	dez-20	set-20
Mundo	-3,0	-4,9	-4,4	–	-5,2	-4,3	–	-4,5	-4,2	–	-5,2	-4,4	-4,3
EUA	-5,9	-8,0	-4,3	–	-6,1	-3,6	–	-3,8	-3,7	–	-6,5	-4,1	-5,4
Alemanha	-7,0	-7,8	-6,0	–	–	–	–	-5,4	-5,5	–	–	-	-4,9
Reino Unido	-6,5	-10,2	-9,8	–	–	–	–	-10,1	-11,2	–	-8,5	-10,0	-9,9
França	-7,2	-12,5	-9,8	–	–	–	–	-9,6	-9,1	–	–	–	-8,1
Japão	-5,2	-5,8	-5,3	–	-6,1	-5,3	–	-5,8	-5,3	–	-6,1	-5,6	-4,5
China	1,2	1,0	1,9	–	1,0	2,0	–	1,8	1,8	–	1,0	1,9	1,3
Índia	1,9	-4,5	-10,3	–	-3,2	-9,6	–	-10,2	-9,9	–	-3,2	-10,3	-5,9
América Latina	-5,2	-9,4	-8,1	-4,6	-7,2	-6,9	–	–	–	-9,1	-9,1	-7,7	-7,6
Brasil	-5,3	-9,1	-5,8	-5,0	-8,0	-4,5	-7,4	-6,5	-6,0	-9,2	-9,2	-5,3	-5,7
México	-6,6	-10,5	-9,0	-6,0	-7,5	-9,0	7,0	-10,2	-9,2	-9,0	-9,0	-9,0	-10,0
Argentina	-5,7	–	-11,8	-5,2	-7,3	-10,6	8,0	-11,2	-12,9	-10,5	-10,5	-10,5	-10,4

Fonte: IMF, 2020a, 2020b e 2020c; Banco Mundial, 2020; World Bank, 2020, 2021; OECD, 2020a, 2020b, 2020c; Cepal, 2020a, 2020b, 2020c; Unctad, 2020.
*As estimativas divulgadas em novembro/2020 repetiram os dados de setembro/2020
Elaboração própria.

Os Gráficos 1.1 e 1.2 permitem ver a evolução dos casos confirmados e de óbitos de Covid-19, por milhão de habitantes, em alguns países, divididos por semana epidemiológica e contabilizados a partir de 8 março de 2020. Neles, observa-se claramente a retomada da pandemia (segunda onda). Essa retomada, no entanto, está atingindo segmentos mais jovens e registra menor letalidade, mas com taxa de contaminação muito superior à anterior. Mesmo assim, novamente o grupo de risco está localizado nas pessoas com 60 anos ou mais. Na maioria dos países europeus, a participação desta faixa etária no total de mortos por covid-19 era a quase totalidade. Na Itália, por exemplo, no início de maio, 95,3% das pessoas que foram a óbito tinham mais de 60 anos; no início de dezembro, o percentual era praticamente o mesmo (95,4%). Para os mesmos meses, no Brasil, os óbitos nessa faixa etária representavam 69,2% e 74,0% do total, respectivamente (Poder360, 2020, *on-line*).

Gráfico 1.1 – Evolução do nº diário de novos casos de Covid-19 por milhão de habitantes, por país, por semana epidemiológica de 2020

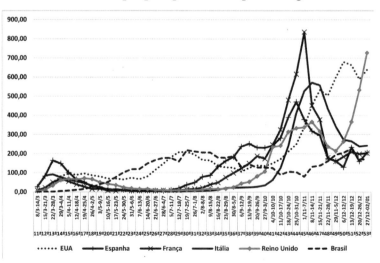

Fonte: www.worldometers.info/coronavirus/countries
Elaboração própria.

Gráfico 1.2 – Evolução do nº de óbitos diários por Covid-19 por milhão de habitantes, por país, por semana epidemiológica de 2020

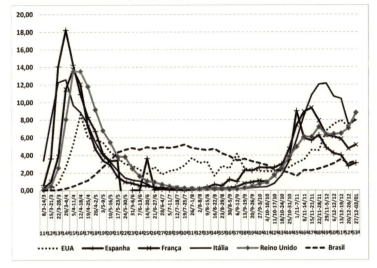

Fonte: www.worldometers.info/coronavirus/countries
Elaboração própria.

A Conferência das Nações Unidas sobre Comércio e Desenvolvimento (Unctad, 2020, p. 2, tradução nossa) descreve bem a situação criada pela pandemia e o tamanho da crise:

> Em março deste ano, quando a COVID-19 atingiu a magnitude de uma pandemia completa e o número de mortos aumentou, os governos em todo o mundo optaram por uma política de coma econômico induzido – que suspendia as interações humanas próprias de grande parte da vida comercial – para prevenir novas infecções e aliviar os sistemas de saúde sobrecarregados. Esse Grande Bloqueio, como o FMI o chama, fez com que a economia mundial voltasse à recessão em 2020, mas desta vez em uma escala desconhecida desde os anos 1930.[1]

---

[1] En marzo de este año, cuando la COVID-19 adquiría la magnitud de una pandemia en toda regla y el número de fallecidos no cesaba de aumentar, los gobiernos de todo el mundo optaron por una política de coma económico inducido – que suspendió las interacciones humanas propias de gran parte de la vida comercial – para impedir nuevos contagios y aliviar la situación de unos sistemas de salud sobrecargados. Este Gran Confinamiento, como lo llama el

De maneira geral, todos os governos adotaram medidas e ações para mitigar os efeitos da crise, independentemente de sua orientação política e de sua maior ou menor adesão aos princípios neoliberais, principalmente com relação ao tratamento do endividamento público. Nos países do G20, essas medidas somaram a fantástica soma de US$ 13 trilhões (Unctad, 2020, p. 15). Também não é desprezível o anúncio, do Banco Central Europeu, em 8 de junho, da disponibilização de US$ 1,31 trilhões de euros aos bancos da zona do euro a uma taxa de juros de -1%, isto é, negativa. Sobre as medidas, assim Marques e Depieri (2020) as resumiram:

> O conjunto de medidas adotado pelos países pode ser agrupado em duas categorias, além daquelas relacionadas ao isolamento social: políticas fiscais e monetárias; e políticas de emprego e social. De maneira geral, as medidas visaram manter os contratos, adiando e cancelando pagamentos e propondo, em certos casos, sua renegociação; manter a liquidez na economia mediante o aumento da oferta monetária; introduzir linha de crédito mais favorável às pequenas e médias empresas; fomentar o crédito para o capital de giro das empresas, especialmente com vista ao pagamento dos salários de seus trabalhadores; apoiar os setores de atividades mais afetados pela crise econômica; manter empregos; aumentar a faixa de isenção dos serviços essenciais; ampliar a cobertura da transferência de renda para a população para os novos necessitados, imediatamente prejudicados pela paralisação das atividades econômicas; flexibilizar o acesso ao seguro desemprego; aumentar a disponibilidade de recursos para as ações da área de assistência social; aumentar a disponibilidade de recursos para as ações e os serviços de saúde, nisso incluída a compra de materiais e equipamentos necessários ao combate à Covid-19, entre outras medidas. Sobre esse último ponto, diversos países fomentaram a reconversão de parte de sua indústria para a fabricação de respiradores, ventiladores e equipamentos de proteção individual (EPI) a fim de não ficarem somente dependendo da disputa de um lugar na fila de espera dos equipamentos produzidos na China. Entre esses países, salientam-se Alemanha, França, Estados Unidos (EUA), Japão e Reino Unido. (Iedi, 2020)

FMI, ha provocado que la economía mundial volviese a entrar en recesión en 2020, pero esta vez a una escala desconocida desde la década de 1930.

Em outubro de 2020, no entanto, houve a retomada de medidas restritivas de atividades e a adoção de toques de recolher em cidades da Europa, bem como a obrigatoriedade do uso de máscaras, como reação ao aumento do número de novos casos e da ocupação de leitos de UTI, o que, para muitos, sinaliza uma segunda onda da pandemia. Essa situação introduziu novos constrangimentos ao retorno pleno das atividades, devendo se expressar nas próximas estimativas dos organismos internacionais. A rigor, o tempo da crise e seu tamanho estão na dependência da evolução da doença e da disponibilização de uma vacina para a população.

A crise econômica de 2020, a que chamamos de crise da Covid-19, é absolutamente inédita, e não só na história recente do capitalismo. Essa crise não nasceu das contradições do processo de reprodução ampliada do capital,[2] muito embora problemas e distorções vinham se acumulando e o prognóstico para 2020 já era de desaceleração do crescimento mundial, com aumento da probabilidade de ocorrer uma crise financeira. A pandemia constituiu uma mudança brusca do ambiente no qual a atividade humana se desenvolvia, podendo ser caracterizada como um choque externo que exigiu a parada brusca das práticas econômicas e sociais (com exceção das essenciais) a fim de diminuir o ritmo da contaminação do novo coronavírus. Essa "parada" ocorreu, com diferenças no tempo e na sua abrangência com relação aos setores afetados, em praticamente todos os países. A demora em adotar medidas de isolamento coordenadas levou a que, em alguns países, o processo de achatamento da curva de novos casos confirmados de Covid-19 fosse bastante longo, levando alguns sistemas de saúde a colapsarem. Resumindo, a crise atual, que certamente ficará na memória de todos como a crise da Covid-19, é uma crise provocada por algo externo ao

---

[2] A não ser que consideremos que o avanço do capitalismo, adentrando biomas antes preservados da ação predatória desse modo de produção, tenha exposto o ser humano a vírus e outras formas de organismos até então desconhecidos.

funcionamento da economia capitalista, muito embora agravada pelas condições em que ela se conforma no plano mundial. Essa característica – de ter sido provocada por um choque externo – já seria suficiente para conceder à crise econômica de 2020 seu status de inédita. O Banco Mundial (2020, p. 20, tradução nossa) descreveu essa situação da seguinte forma:

> [...] a epidemia da Covid-19 adiciona uma nova dimensão, pois as medidas necessárias para conter o surto da epidemia também resultam em um grande choque de oferta. Ou seja, a atividade econômica é interrompida não só por eventos no exterior, mas também porque as pessoas param de trabalhar e comercializar para reduzir o risco de contágio. Essa combinação de choque de demanda, choque financeiro e choque de oferta não tem precedentes e torna muito difícil prever a magnitude exata da recessão que se aproxima.[3]

Outra característica é o fato da Covid-19, com sua elevada taxa de contaminação, ter atuado em um mundo cada vez mais globalizado, o que permitiu sua rápida disseminação. Harvey (2020, p. 19) menciona que o número de viagens aéreas internacionais aumentou de 800 milhões para 1,4 bilhões entre 2010 e 2018. Foi por essa via que o novo coronavírus chegou em todos os cantos: o alerta feito pelo governo chinês foi dado em dezembro de 2019; a primeira morte fora da China, na Tailândia, ocorreu em 19 de janeiro de 2020; a declaração da OMS de que se tratava de uma pandemia foi feita pouco tempo depois, em 11 de março. Paralelo ao processo de mundialização do capital, firmaram-se cadeias globais de valor e de concentração de determinados segmentos da produção em alguns países, tal como a

---

[3]   [...] la epidemia de Covid-19 añade una nueva dimensión, ya que las medidas necesarias para contener el brote de la epidemia también dan como resultado un gran shock de oferta. En otras palabras, la actividad económica se ve interrumpida no solo por los acontecimientos en el extranjero, sino también porque la gente deja de trabajar y comerciar para reducir el riesgo de contagio. Esta combinación de un shock de demanda, un shock financiero y un shock de oferta no tiene precedentes, y hace que sea muy difícil pronosticar la magnitud exacta de la recesión que se avecina.

produção de equipamentos para a área da saúde e de princípios ativos de medicamentos. A especialização espacial da produção de respiradores e de EPIs foi um dos fatores que dificultaram o combate à Covid-19 nos primeiros meses da pandemia, levando países a travar uma verdadeira batalha entre eles para viabilizar sua importação. Aqueles que ainda dispunham de indústria local desses equipamentos, ou mesmo que, desde o início, incentivaram segmentos a reconverterem sua produção, saíram-se bem melhor nesse aspecto da luta contra a pandemia. Em relação às cadeias globais de valor, o enfraquecimento de alguns de seus elos pode dificultar a retomada de suas atividades e/ou reconfigurar suas presenças nos países.

Dadas essas características, não são adequadas as comparações feitas com a crise de 2007/2008 e muito menos com a dos anos 1930. Além disso, é preciso lembrar que essas eclodiram na esfera da circulação, manifestando a profunda dificuldade de a produção de mercadorias ser realizada a taxas adequadas de lucro. Essa interpretação, especialmente a relativa à situação da economia mundial antes da pandemia, realizada por pesquisadores como François Chesnais e Michael Roberts, é mencionada no próximo subitem.

A situação da economia mundial antes da crise da Covid-19

O nível de atividade simplesmente despencou ladeira abaixo na maioria dos países em 2020, provocando elevado desemprego e queda na renda dos trabalhadores. Todas as projeções das agências internacionais indicavam que 2020 seria marcado por uma profunda recessão, tal como visto. Apesar disso, há quem minimize o peso do isolamento social nesses resultados, enfatizando que a economia mundial já estava registrando dificuldades antes mesmo da chegada da pandemia.

De fato, em 2019, os impactos da crise de 2007/2008 ainda se faziam sentir, isto é, a economia mundial não havia ainda dela se recuperado. O crescimento anual médio de seu PIB foi de apenas

2,56% no período entre 2009 e 2018, registrando, em 2019, uma expansão de 2,9%. Por sua vez, nesse último ano, o comércio mundial expandiu-se somente 0,9% (IMF, 2020c).

Todos esses percentuais, evidentemente, incluem a China e a Índia, de modo que, excluídos esses países, o crescimento foi de 2,6% em 2018 e 1,73% em 2019. Para o mesmo período (2009-2018), os PIBs da China e da Índia aumentaram 7,95% e 7,12% ao ano, respectivamente. E, para 2019, 6,1% e 4,9%. Os PIBs da China e da Índia representaram, em 2019, 17,2% e 3,4% do PIB mundial. A título de comparação, na década, o PIB dos Estados Unidos (EUA) cresceu 1,76% ao ano, o dos países da OCDE 1,48% e os da União Europeia 0,99%. Dentre as maiores economias capitalistas do mundo, como Alemanha, Japão, Reino Unido e Itália, o crescimento médio anual, após 2008, foi de 1,28%, 0,71%, 1,29% e -0,31%, respectivamente. No mundo, o crescimento do PIB *per capita* foi ainda mais decepcionante ao longo dessa década, de apenas 1,34% ao ano (Nakatani e Marques, 2020, p. 53). Em outubro de 2019, a diretora do FMI alertou que o crescimento mais lento esperado para 2020 se manifestaria de forma sincronizada, afetando 90% dos países.

François Chesnais (2019) completa a análise desse quadro de dificuldades enfrentado pela economia mundial ao tratar do lado financeiro. Em artigo de abril de 2020, salienta que o sistema financeiro é a base da gestação de uma nova crise. Inicialmente, o autor destaca que o FMI e o Banco de Compensações Internacionais (BIS) estavam acusando a presença de "*yield-hungry investor*" já há dois anos, isto é, de investidor com forte propensão a assumir riscos especulativos muito elevados. Paralelamente, sublinha que analistas financeiros estavam considerando a existência de uma bolha preocupante, composta de mercados de ações, imóveis e títulos corporativos, a qual chamam de "bolha de tudo" (MA, 2020). A expressão dessa bolha pode ser vista no mercado de ações de Wall Street, no qual o índice de Shiller, que calcula a relação preço/rentabilidade das ações considerando a média dos últimos 10 anos e os efeitos inflacionários do período, atingiu o segundo nível mais alto de sua história, maior até mesmo do que em 1929 (Gráfico 1.3).

Gráfico 1.3 – Índice de Shiller (razão preço/ganhos no longo prazo) para ações do Índice Dow Jones, de jan/1881 a jan/2021

Fonte: http://www.econ.yale.edu/~shiller/data.htm, acesso em: 15/01/2021.

Depois de enfatizar o distanciamento crescente do volume de capital portador de juros com relação ao PIB mundial (e esse tomado como uma *proxy*[4] do capital envolvido na produção de mais-valia), Chesnais ressalta que as taxas de juros de longo prazo continuavam sua trajetória de queda, tendo se tornado negativas. A trajetória descendente da taxa de juros de longo prazo dos títulos da dívida deve-se, segundo Chesnais (2019, *on-line,* tradução nossa):

> De fato, as principais causas da queda prolongada das taxas de juro nos mercados de títulos de dívida residem na distribuição dos ganhos de produtividade controlados pela relação capital-trabalho, no envisamento imposto pela mudança tecnológica e no bloqueio dos mecanismos de acumulação por ela criados. O crescimento dos ganhos de capital atuais e futuros sobre direitos de saque virtuais que constituem capital fictício está desacelerando. A falta de

---

[4] *Proxy* significa algo que funciona ou se comporta como outro algo. Por exemplo, qualquer índice de inflação é uma proxy do nível geral de preços.

oportunidades de investimentos lucrativos significa que a oferta de capital é maior que a demanda (10) e que as taxas só podem cair.[5]

Completa seu rol de preocupações, o fato de a dívida ativa pública e privada estarem aumentando de forma acelerada, de as empresas estarem registrando forte nível de endividamento e de os empréstimos alavancados, centro da crise de 2008/2009, terem retornado de forma expressiva. Para Chesnais, esse conjunto de fatores, num quadro de crescimento econômico rastejante, tal como vimos anteriormente, aumentava a probabilidade de uma crise financeira ocorrer, revelando o impasse em que está imerso o capital, que não consegue recuperar os níveis de taxa de lucro anteriores (apesar de todos os esforços empreendidos nas últimas décadas) e convive com forte ociosidade em seu aparelho produtivo.

Michael Roberts (2019), diferentemente de Chesnais, considera que a dificuldade enfrentada pelo capital em recuperar níveis adequados de taxa de lucro não é recente, defendendo que a economia mundial vive um período de longa depressão desde os anos 1960. A localização nos anos 1960 coincide com o esgotamento relativo do padrão de acumulação que vigorou durante os 30 anos gloriosos que se seguiram ao fim da Segunda Guerra Mundial, que se expressa na queda da curva das taxas de produtividade, situação que perdura até hoje (Nakatani e Marques, 2020).

Um ano depois, Chesnais (2020), ao analisar a situação da economia mundial no início da recessão provocada pela Covid-19, retoma o argumento de que as bases sob as quais ocorreu a crise de 2008/2009 não tinham sido alteradas, mantendo-se as con-

---

[5] En efecto, las principales causas de la prolongada caída de los tipos de interés en los mercados de valores de deuda se encuentran en la distribución de las ganancias de productividad controlada por la relación entre el capital y el trabajo, el sesgo impuesto por el cambio tecnológico y el bloqueo de los mecanismos de acumulación que éstos crean. El crecimiento de las plusvalías actuales y futuras de los derechos de giro virtuales que constituyen el capital ficticio se está enlenteciendo. La falta de oportunidades de inversiones rentables significa que la oferta de capital es mayor que la demanda (10) y que las tasas sólo pueden caer.

tradições e dificuldades enfrentadas pelo capital, especialmente o distanciamento entre o volume disponível de capital portador de juros e a evolução das atividades produtivas, as quais enfrentariam elevado nível de ociosidade. Entre os setores que enfrentariam essa situação, menciona a produção de aço e a de automóveis. A primeira há muito é usada como indicador da expansão da economia e a segunda constitui a indústria emblemática desde o final da Segunda Guerra Mundial. Também o autor chama atenção para o fato de os estados nacionais estarem registrando níveis de endividamento público próximos aos de 1945 (devido aos gastos com a guerra), especialmente Reino Unido e França. Esse endividamento certamente foi ampliado nos meses seguintes, dada as medidas adotadas para fazer frente à crise decorrente da pandemia.

Como veremos na próxima parte deste capítulo, o Banco Central Europeu também reconheceu que esse nível de dificuldade poderia vir a se constituir um problema, tomando iniciativas para enfrentá-lo. Para Chesnais, no entanto, o endividamento deve se transformar numa oportunidade política, na medida em que a bandeira de suspensão do pagamento da dívida do Terceiro Mundo (países subdesenvolvidos), encaminhada pelo Comitê para a Anulação das Dívidas Ilegítimas (CADTM), deveria ser transformada em anulação da dívida de todos os países (inclusive os imperialistas e com status colonial e semicolonial). A problemática da dívida pública e as propostas em relação a ela para o ano de 2020 são discutidas no capítulo 2 deste livro.

Não há dúvida, portanto, que a economia mundial já se encontrava em grandes dificuldades antes mesmo da chegada da pandemia. Mas essa, ao exigir o isolamento social para diminuir o ritmo do contágio, derrubou o nível de atividades no mundo inteiro, tal como vimos no decorrer do capítulo. A queda do PIB decorrente das medidas adotadas contra a Covid-19 não tem paralelo na história recente do capitalismo, quando da mundialização do capital (chamada por muitos de globalização). Certamente, quando a crise for mencionada nos anos vindouros, será referenciada como "a crise da Covid-19".

O aprofundamento das contradições e das dificuldades

O golpe desferido pela pandemia do novo coronavírus na economia mundial foi avassalador, como vimos. Ele só não foi maior porque houve massiva intervenção dos bancos centrais para garantir liquidez na economia; porque os governos concederam auxílios aos trabalhadores assalariados, aos informais e àqueles classificados como "por conta própria" e ainda desenvolveram programas de apoio a pequenas e médias empresas, principalmente via criação de linhas de crédito, com maior ou menor eficácia; porque o Estado, no todo ou em parte, responsabilizou-se pela manutenção dos salários para que empregadores não demitissem (combinado ou não com redução de jornada e salário); porque foi prorrogado o pagamento de impostos e de diferentes serviços, tais como água, luz, telefone, entre outros; e porque foram flexibilizadas provisoriamente regras de acesso para alguns benefícios concedidos pela proteção social. Evidentemente, nem todos os países levaram adiante esse conjunto de medidas, havendo, também, diferenças entre eles quanto aos critérios de acesso exigidos, valores e tempo de vigência.

No tocante ao mercado de trabalho, além da redução significativa do nível do emprego ocorrida em diversos países, o que foi acompanhado de perda de renda dos trabalhadores e dos que desenvolvem atividade por conta própria, houve aumento expressivo da inatividade, o que introduz um elemento novo e preocupante no cenário dos países. O aumento da inatividade entre aqueles com idade para trabalhar indica ampliação da desesperança, quando as pessoas deixam de considerar possível sua integração no mercado de trabalho. Isso dificulta sua inserção futura dado que, quanto maior o tempo de inatividade, mais difícil fica sua reinserção mesmo num quadro de ampliação do emprego. Os Gráficos 1.4 e 1.5 permitem que se tenha uma dimensão da importância do desemprego e da inatividade na redução do emprego observada no segundo trimestre de 2020 em relação a igual período do ano anterior.

Além disso, segundo o relatório da Unctad anteriormente mencionado, a situação econômica e, portanto, a do mercado de trabalho, pode piorar substancialmente dado o número de falências e de extinção de empregos que se seguirão caso as medidas que foram realizadas pelos governos sejam simplesmente extintas, como tentativa de reduzir os *deficits* públicos, que se ampliaram durante 2020. Como poderá ser visto no capítulo 2 deste livro, há países como o Brasil que, antes mesmo de as curvas de casos confirmados e de óbitos começarem a ceder, encaminharam proposta orçamentária para 2021 que pressupunha não só a cessação de medidas que foram realizadas para mitigar os efeitos da crise econômica, como cortes de recursos em áreas sociais. No Brasil, a dívida pública, que representava 74,3% do PIB em dez/2019, passou para 88,1% do PIB em nov/2020.

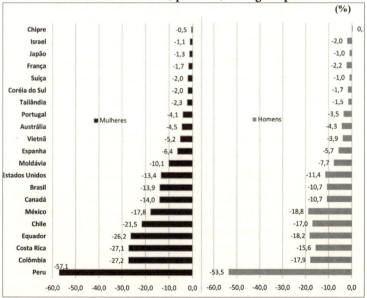

Gráfico 1.4 – Redução percentual do emprego entre o T2/2019 e o T2/2020*, por sexo, em alguns países

Fonte: OIT, 2020. *T2 = segundo trimestre.

Se considerarmos que, durante o desenrolar da crise, também estão ocorrendo mudanças e restruturações no processo de trabalho de diversas atividades, essa combinação desemprego/inatividade torna-se uma questão social de dimensão maior, com potencial de criar grandes dificuldades para a manutenção da ordem e da coesão social necessárias para que que as atuais formas de dominação se mantenham. Assim como as vendas por internet explodiram durante o período de isolamento social, mesmo nas sociedades mais resistentes a esse tipo de modalidade de compra, avançando em poucos meses o que era esperado ocorrer em anos, o *home office*, adotado como alternativa ao trabalho presencial, veio para ficar. As empresas privadas e mesmo públicas já estão reconfigurando seu ambiente de trabalho, de modo a contemplar o *home office* como substitutivo, no todo ou na parte, da jornada do trabalho presencial. Conscientes da redução de custos que essa modalidade de trabalho permite e tendo comprovação de que ela até eleva a produtividade, os empregadores não se preocupam em considerar aspectos negativos do *home office* sobre o bem-estar do trabalhador. Mas não há dúvida de que os efeitos da perda de sociabilidade (o que dificultará, inclusive, a atividade sindical) e da não separação entre o ambiente (e tarefas) familiar e o do trabalho cobrarão seu preço mais cedo do que esperamos. Faz-se necessário estarmos preparados para mais esse fator que contribui para o aprofundamento do individualismo e para o adoecer de nossa sociedade.

Além do *home office*, o ensino e a medicina à distância passam a constituir lugar comum no setor privado. O avanço do ensino à distância está localizado no terceiro nível e, junto a empreendimentos privados, está associado à criação de "classes" enormes, na qual o(a) professor(a) dá "palestras" e não interage com os estudantes. Na indústria de transformação, também ocorrem alterações significativas, pois empresas estão aproveitando o momento para reduzir seus quadros e para modernizar suas plantas, acelerando a adoção de tecnologias associadas à indústria 4.0. Esse último movimento não ocorre de forma homogênea entre os países e mesmo entre os setores de atividades. Está sendo capitaneado pelas empresas multinacionais e pelos países que, anteriormente à crise, já estavam disputando a corrida tecnológica associada à indústria 4.0 e à inteligência artificial.

Gráfico 1.5 – Participação percentual do aumento do desemprego e do grau de inatividade na redução do emprego entre o T2/2019 e o T2/2020*, em alguns países

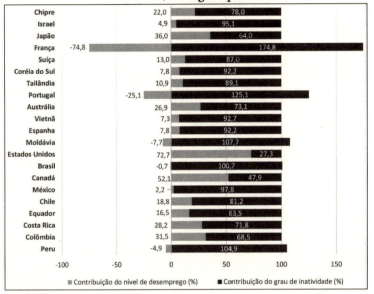

Fonte: OIT, 2020. *T2 = segundo trimestre.

Outro fator preocupante é aquele associado à esfera financeira da economia mundial. Além dos aspectos já analisados por Chesnais e aqui descritos, chama atenção que o descolamento dos ativos em relação ao desempenho da economia continuou ou mesmo se expandiu durante a pandemia. Inicialmente, a parada das atividades e as perspectivas para o ano derrubaram as bolsas no mundo inteiro, tal como pode ser visto no Gráfico 1.6 para o Índice Dow Jones (Marques e Depieri, 2020b). Contudo, a evolução desse mesmo índice não só se recuperou rapidamente como apresentou uma pungência descabida frente à situação econômica atual. O índice **Dow Jones Industrial Average (DJIA) é o princi-**

pal índice das bolsas dos EUA e expressa o desempenho médio das cotações das ações das 30 maiores empresas estadunidenses negociadas na *New York Stock Exchange* (NYSE) e na *National Association of Securities Dealers Automated Quotations* (NASDAQ).

Gráfico 1.6 – Evolução do Índice Dow Jones, de nov/2019 a jan/2021

Fonte: ADVFN (https://br.advfn.com/bolsa-de-valores/dowi/DJI/historico/mais-dados--historicos?current=1&Date1=31/07/20&Date2=15/01/21)

A valorização das ações das empresas que compõem o Down Jones é explicada em parte pela manutenção da continuidade da redução da taxa de juros promovida pelo Federal Reserve (FED)[6] (no ano, a taxa de juros foi reduzida em três momentos: março, junho e outubro). Na falta de alternativa, os capitais líquidos disponíveis estão fortemente se dirigindo para as bolsas, especialmente atuando no seu mercado secundário, de forma que a queda observada em março foi praticamente toda recuperada. Isso está de acordo com a percepção do FMI e do BIS de que a presença de *"yield-hungry investor"* está em franco aumento. Historicamente, percebe-se que não há condições para que essa situação permaneça *ad eternum*.

---

[6]   O FED é o correspondente ao banco central dos EUA.

CAPÍTULO 2
O Estado e o neoliberalismo

Quando governos de vários países – independentemente da orientação ideológica, da adesão aos princípios neoliberais e do quanto é rígido o controle do gasto público – adotaram medidas de todo o tipo para mitigar o impacto da crise sobre a renda e o emprego, não foram poucos os que afirmaram que os governos estavam sendo keynesianos e que o neoliberalismo havia morrido ou estava em vias de morrer. Na verdade, os que assim entenderam o que estava ocorrendo ou os que apenas tenham pretendido fazer uma provocação nas redes sociais (na tentativa de "denunciar" as incongruências" de governos neoliberais) revelaram suas dificuldades de entender no que consiste o neoliberalismo.

É absolutamente impossível se discutir o neoliberalismo sem tomar como ponto de partida o fato de o capital a juros ter se tornado dominante, de modo que os seus interesses e as determinações derivadas dessa dominância reconfiguram ou agem para reconfigurar a totalidade das instituições capitalistas e mesmo a subjetividade das pessoas. Ao mesmo tempo, para analisarmos a natureza das ações realizadas pelos governos contra os efeitos da pandemia, é preciso resgatar, da sociologia e da política, conceitos como coesão social e soberania nacional. Isso é feito, de forma explícita, no capítulo 4 deste livro. Aqui, além de explicitarmos nosso entendimento do que consiste o Estado no neoliberalismo, de uma nova relação sociedade/Estado, trataremos de mostrar quão falsa é a ideia de que, sob o neoliberalismo, o Estado seja mínimo. De mínimo, ele nada tem. São as razões que o levam a priorizar certas atividades e a entregar outras para serem exploradas, no todo ou em parte, pelo setor privado, que colocam a questão maior ainda pouca discutida: a de quem irá pagar a conta dos gastos que foram e estão sendo realizados por conta da pandemia.

O Estado no neoliberalismo

O Estado está no centro da "racionalidade" imposta ao mundo pelo neoliberalismo. O papel a ele atribuído e os princípios que norteiam sua gestão são os grandes garantidores do lugar especial assumidos pelo mercado, pelo extremo consumo, e pela transformação total do indivíduo em mercadoria, para além de sua força de trabalho. A concorrência, alçada à qualidade máxima, adentra o próprio Estado e molda a subjetividade dos indivíduos (Dardot e Laval, 2016).

O papel que o Estado assume na atualidade difere completamente daquele que foi estruturado no imediato pós-Segunda Guerra Mundial e aprofundado nos 30 anos que se seguiram, principalmente nos países do oeste da Europa, mas que também se manifestou nos países da América Latina, com destaque para o Brasil. Três aspectos caracterizavam a forte presença do Estado nesse período, chamado de "os 30 anos gloriosos": a introdução do planejamento como instrumento de política dos governos; a nacionalização (atualmente nomeada estatização) de empresas e de determinados setores de atividades; e a organização de sistemas de proteção social públicos, envolvendo a saúde, a previdência, a assistência social e o seguro-desemprego. Em alguns países, ao longo dos anos, as situações ou riscos cobertos pela proteção social ampliaram-se, de modo que ela passou a contemplar também a moradia e a educação, por exemplo. Por essa razão, apesar de todas as privatizações promovidas por governos neoliberais nas últimas décadas, ainda se encontram países europeus em que a presença do Estado é marcante. Diz-se, da França, por exemplo, que ela ainda tem "cheiro" de Estado.

Na Europa, como sabido, isso foi resultado da conjunção de fatores econômicos, políticos e sociais muito particulares, próprios do pós-guerra. Tony Judt (2008) descreve com riqueza de detalhes o ambiente, as ideias, as forças políticas e os desafios do momento. Do ponto de vista político, depois de desmobilizadas as resistências, tanto em termos de armas como politicamente, a maioria dos governos dos primeiros anos do pós-guerra foram formados por coalizões de esquerda e centro-esquerda, bastante semelhantes às Frentes Populares dos anos 1930. Do ponto de vista do ambiente, é lugar comum dizer que, apesar da tragédia e do nível de destruição material, em alguns casos próximos de terra arrasada, o sentimento era de extrema alegria e de convicção de que tudo era possível. Sobre as ideias, Judt (2008, p. 77) registra três manifestações que resumem bem o sentimento geral, De Charles de Gaulle: "durante a catástrofe, sob o peso da derrota, uma grande mudança ocorreu na mente dos homens. Para muitos, o desastre de 1940 pareceu ser o fracasso da classe dominante e do sistema em todos os setores". De Karl Mannheim: "todos sabemos agora que, dessa guerra, não há trilha de volta para uma situação de *laissez-faire* na sociedade, que a guerra em si provoca uma revolução silenciosa ao abrir caminho para um novo tipo de ordem planejada". De Joseph Schumpeter: "a opinião geral parece ser a de que os métodos capitalistas ficarão aquém da tarefa da reconstrução".

Tratava-se, portanto, de reconstruir os países evitando os erros do passado, tanto no aspecto econômico como no social. Fruto deste imperativo, emergiu um Estado "interventor" ou "provedor" que buscou conduzir as atividades econômicas por uma trilha segura. Ao mesmo tempo, esse Estado criou os mecanismos institucionais que permitiram proteger a população dos riscos e das necessidades que ela estaria sujeita. Sua base material foi a generalização dos princípios tayloristas e fordistas nos diferentes processos de trabalho, o que viabilizou a realização de taxas crescentes de produtividade, de lucro e aumento dos salários reais. Essa combinação deu suporte à produção em massa e ao necessário consumo de massa.

Quando as taxas de produtividade deixaram de crescer, num quadro de quase pleno emprego e com clara iniciativa dos trabalhadores na luta de classes, o "acordo" do pós-guerra, também chamado de pacto keynesiano, começou a ruir e deu lugar à crise econômica de meados dos anos 1970. Depois das tentativas frustradas de fazer frente à crise com políticas anticíclicas, realizadas por diferentes governos, o modo de regulação anterior foi colocado em xeque, bem como a teoria econômica até então dominada pelo pensamento keynesiano. Nesse momento, o processo de desregulamentação teve início, capitaneado pelos EUA e pela Inglaterra. Embora a literatura dê ênfase para a desregulamentação do setor financeiro, mediante os conhecidos três Ds (desregulamentação ou liberalização monetária e financeira; descompartimentalização dos mercados financeiros nacionais; e desintermediação bancária), esse processo foi defendido e promovido para todos os mercados, pois não teria como o capital portador de juros reivindicar liberdade plena de ação se não estivesse falando em nome também do capital produtor de mercadorias e do capital comercial. Tratava-se de libertar o capital portador de juros das amarras que foram construídas no pós-guerra, a começar pelo Acordo de Bretton Woods, mas completado pelas legislações e normas nacionais (Marques e Nakatani, 2009). Assim entendido, o neoliberalismo é a expressão concreta dos interesses do capital portador de juros que, após o esgotamento relativo do padrão de acumulação reinante nos 30 anos gloriosos, retornou ao centro das determinações econômicas e sociais da sociedade capitalista.

No bojo desse processo, o Estado "interventor" ou "provedor" passou a ser alvo de ataques e foi promovida a sua reestruturação. A esquerda, em geral, costuma associar o Estado que emergiu do neoliberalismo como um Estado Mínimo. Isso é um engano. O aumento dos gastos como proporção do PIB teve prosseguimento no neoliberalismo, isto é, em geral, o Estado aumentou sua presença nas sociedades e ampliou seu nível de gasto. Na Tabela 2.1, podemos ver claramente a evolução crescente do gasto público nos principais países do mundo. O que o neoliberalismo defende não é a diminuição do gasto público, apesar da retórica de seus adeptos, e sim o abandono da responsabilidade pública em certas áreas ou atividades, especialmente as sociais, abrindo espaço para que o capital privado desenvolva sua acumulação. Esse movimento é, normalmente, acompanhado do aumento da presença do Estado em outras áreas, tais como segurança e produção de armamentos. Mesmo entre aqueles países que promoveram acentuada privatização de suas empresas e que diminuíram sua responsabilidade na organização e no financiamento de áreas sociais, entregando quase que totalmente a saúde e a educação ao setor privado, não houve redução do gasto público como percentual do PIB. Ao contrário, ele aumentou.

Tabela 2.1 – Gastos do governo como proporção PIB, 1990-2018, em alguns países

País	1990	1995	2000	2005	2010	2015	2018
EUA	–	–	–	33,73	41,48	35,48	35,37
Japão	29,96	34,00	36,55	34,60	38,55	38,02	37,53
Alemanha	–	55,11	47,76	46,82	48,14	44,14	44,46
Reino Unido	35,01	37,70	34,05	38,44	44,81	40,28	38,78
Grécia	37,97	46,00	46,43	45,56	52,51	50,68	46,92
Espanha	41,13	44,19	39,11	38,48	46,03	43,89	41,72
Itália	54,02	51,62	46,54	47,24	49,93	50,32	48,54
Portugal	42,26	42,69	42,84	46,74	51,90	48,15	43,37
França	50,13	54,81	51,65	53,29	56,88	56,80	55,66

Fonte: FMI, 2020b.
Elaboração própria.

Paralelamente a isso, os neoliberais defendem a necessidade do controle do gasto público para limitar o grau de endividamento dos Estados, visto como fonte de desequilíbrios e instabilidade. Essa preocupação, ao constituir política econômica, deu nascimento a vários tipos de controle da expansão do gasto e do grau de endividamento dos países. No Brasil, isso se consubstanciou em um novo regime fiscal, escrito na Constituição Federal (Emenda Constitucional n. 95, aprovada em 12/2016), que definiu o congelamento do gasto federal por 20 anos, o que implicará a redução do gasto *per capita* dos programas ao longo dos anos. Chama atenção que nesse congelamento estão incluídos os gastos sociais, mas que não estejam os juros da dívida pública, o que difere fortemente de experiências de outros países. E isso sem contar o longo tempo de duração previsto para o congelamento e a sua própria inscrição na Constituição. Apesar desse componente do discurso neoliberal, a dívida pública no mundo, mesmo antes da pandemia, só vinha crescendo, tal como podemos ver na Tabela 2.2. Mesmo que em alguns momentos e para alguns países ela tenha diminuído, fica clara sua expansão no período entre 1960 e 2018. Lembremos que os títulos públicos são um dos principais componentes do capital fictício, cuja expansão avassaladora ocorreu dos anos 1990 em diante. Dessa forma, mesmo que se considerasse sincera a proposta de redução da dívida pública, o "apetite" de seus detentores atua no sentido contrário, estando esses mais interessados na rolagem e na manutenção perpétua dos juros.

Tabela 2.2 – Dívida Pública como proporção do PIB, 1960-2018, em alguns países

País	1960	1970	1980	1990	2000	2010	2018
EUA	60,83	46,23	41,27	62,16	53,16	95,40	106,91
Japão	10,64	11,49	48,81	64,30	137,89	207,85	237,13
Alemanha	16,57	17,73	30,25	40,89	59,07	82,31	61,69
Reino Unido	98,52	73,44	40,69	27,20	37,10	75,24	86,77
Grécia	8,59	18,64	22,53	73,15	104,93	146,25	184,25
Espanha	–	–	16,17	41,46	57,96	60,06	97,09
Itália	30,54	36,59	53,52	92,34	109,22	119,68	135,48
Portugal	–	20,64	35,00	56,43	50,34	90,69	120,13
França	–	–	20,83	35,58	58,88	85,26	98,39

Fonte: FMI, 2020c.
Elaboração própria.

A questão relativa ao Estado (e mesmo as suas áreas de atuação), embora importante, principalmente quando observamos o descaso com relação às políticas sociais, não é central quando o tema é o Estado no neoliberalismo. De nosso ponto de vista, o importante é considerar que os princípios da reprodução do capital, que orientam a atividade privada, adentram a esfera pública sem fazer distinção. Sobre isso, assim resume Dardot e Laval (2016, p. 272):

> Muito frequentemente esquecemos que o neoliberalismo não procura tanto a 'retirada' do Estado e a ampliação dos domínios da acumulação do capital quanto a transformação da ação pública, tornando o Estado uma esfera que também é regida por regras de concorrência e submetida a exigências de eficácia semelhantes àquelas a que se sujeitam as empresas privadas. O Estado foi reestruturado de duas maneiras que tendemos a confundir: de fora, com privatizações maciças de empresas públicas que põem fim ao 'Estado produtor', mas também de dentro, com a instauração de um Estado avaliador e regulador que mobiliza novos instrumentos de poder e, com eles, estrutura novas relações entre governo e sujeitos sociais.

A introdução dos princípios da concorrência e dos instrumentos que lhes acompanham para o interior do Estado tem, como fundamento, a ideia de que o setor público é ineficiente, um local de baixa produtividade e elevado nível de gasto. Um Estado com essas características constituiria um entrave ou um custo à competitividade imposta pela mundialização do capital. O mais interessante é que, simultaneamente, os defensores desse novo Estado desacreditam que seja possível que o servidor público possa vir a aplicar na sua prática cotidiana de trabalho os princípios que, segundo o neoliberalismo, garantiriam eficiência e competitividade. Não é por outra razão que eles defendem a criação de Comitês Independentes, isto é, externos ao aparelho público, para avaliarem políticas e programas governamentais, e que têm, ainda, como atribuição, sugerir ou não sua continuidade.

Trata-se de introduzir no aparelho do Estado práticas adotadas nas grandes empresas privadas, estabelecendo como meta principal a melhor relação custo/benefício, como se fosse possível aplicar este indicador a políticas que visam o coletivo da sociedade. Assim, haveria princípios que poderiam, indistintamente, ser aplicados ao setor privado e ao público, como se não houvesse diferença de natureza e de objetivo nessas atividades. A inadequação dessa aplicação é evidente quando se considera os direitos sociais como expressão da cidadania, pois as políticas sociais assim concebidas têm como ponto de partida a garantia do acesso, seja na forma de benefícios, ações ou serviços. Um exemplo da impossibilidade da aplicação da eficiência pura e simples é encontrada na saúde, onde há, inclusive, dificuldade de se estimar custos, muito embora o setor privado não tenha escrúpulo em defini-los, bem como de estipular preços (Medici e Marques, 1996).

O neoliberalismo, o gasto e a dívida pública em 2020

Como vimos no capítulo 1, o efeito das ações para diminuir a taxa de contaminação pela Covid-19 foi brutal sobre o nível de atividade, emprego e outros aspectos da vida econômica e social dos países. O impacto teria sido muito maior caso os governos, de todos os matizes ideológicos, não tivessem implantado uma série de medidas. A paralisação das atividades como decorrência do necessário isolamento social que, em alguns casos, constituiu-se em verdadeiro *lockdown,* além dos problemas sociais provocados, poderia desestruturar significativamente o funcionamento das economias dado o risco de os contratos serem rompidos e de parte do dinheiro deixar de circular, registrando problemas de liquidez.

Por isso, além das medidas sanitárias realizadas, o que envolveu a criação de hospitais de campanha e a compra de máscaras, de respiradores, de ventiladores e de equipamentos de proteção individual (EPIs), os governos empreenderam um conjunto de medidas que abrangeram a esfera fiscal e monetária, o emprego e a renda. Na ampla maioria dos países, as medidas foram dirigidas aos que tinham pouca ou nenhuma capacidade de se defender do choque: aos trabalhadores formais e informais, e às pequenas e médias empresas, garantindo o salário no todo ou em parte, abrindo linha de crédito com condições facilitadas, postergando pagamentos e/ou renegociando dívidas, e transferindo renda na forma de auxílio emergencial. Isso foi feito mediante complementação de valores de benefícios já existentes ou da flexibilização do acesso àqueles já contemplados na proteção social do país. Além disso, setores mais afetados pela crise receberam também atenção especial dos governos, e esse foi o caso do setor de transporte aéreo de passageiros.

Como mencionado no capítulo 1 deste livro, as medidas adotadas nos países que compõem o G20[1] haviam atingido 13 trilhões de dólares em setembro de 2020. Essas medidas foram financiadas mediante expansão monetária, emissão de títulos públicos, reordenamento do orçamento, uso de reservas de contingência, criação de fundos extraorçamentário e uso das cotas e solicitação de empréstimos e auxílios junto ao FMI. A Tabela 2.3 informa o quanto foi destinado em alguns países para a saúde e para as demais medidas de mitigação da crise como proporção do PIB. Verificamos que, de fato, houve uma expansão significativa do gasto público devido à pandemia. Enquanto gasto fiscal, destacam-se EUA, Japão, Reino Unido, Alemanha, e mesmo o Brasil e o Chile. Enquanto medidas monetárias, sobressaem-se Alemanha, Japão, Reino Unido, França, Peru e Brasil. Em relação às políticas que diferiram pagamentos de impostos e taxas e que anteciparam gastos, chama atenção o alto percentual ocorrido no Japão, embora os percentuais observados em outros países não sejam desprezíveis. Os baixos percentuais apresentados pelo México devem-se ao fato de este país ter preferido remanejar recursos orçamentários no lugar de ampliar o nível do gasto (Marques *et al.*, 2020).

O FMI descreve, em seu site, o suporte dado aos países membros à situação derivada da pandemia de Covid-19. O número de países e o volume de recursos envolvidos, bem como as modalidades utilizadas, justificam, aqui, um breve resumo de suas ações e avaliações.

O Fundo recebeu, até 9 de outubro de 2020, um número sem precedentes de pedidos de financiamento de emergência de

---

[1]   Grupo formado pelos ministros de finanças e chefes dos bancos centrais das 19 maiores economias do mundo mais a União Europeia.

mais de 100 países. Para fazer frente a essa demanda, dobrou os recursos disponíveis para seus serviços de emergência (*Rapid Credit Facility* – RCF) e (*Rapid Financing Instrument* – RFI), disponibilizando 1 trilhão de dólares. Até essa data, já haviam sido aprovados financiamentos para quase 60 países, envolvendo US$ 250 bilhões.

Tabela 2.3 – Gastos públicos em resposta à pandemia como proporção PIB, até set/2020, em alguns países

Países	Total no Orçamento (A-D)	Total fora do Orçamento (B+C)	A. Medidas acima da linha*			B. Medidas abaixo da linha**	C. Passivos contingentes	
			Gastos adicionais no setor da saúde	Gastos adicionais e receitas perdidas em outras áreas	D. Gastos antecipados e receitas diferidas em outras áreas	Injeções de capital, compras de ativos e outros	Garantias sobre empréstimos, depósitos, etc.	Operações parafiscais
EUA	11,8	2,5	1,5	10,3	0,1	0,3	2,2	–
Alemanha	8,3	30,8	0,7	7,7	–	6,0	24,8	–
Reino Unido	9,2	16,6	1,5	7,6	0,2	–	16,5	–
França	5,2	15,7	0,6	4,6	2,5	0,9	14,8	–
Japão	11,3	23,7	1,0	10,3	4,9	–	3,0	20,7
China	4,6	1,3	0,1	4,5	1,6	–	0,4	0,9
Índia	1,8	5,2	0,2	1,6	0,4	0,3	4,5	0,5
Brasil	8,3	6,3	0,9	7,4	2,9	1,0	–	5,3
México	0,6	0,5	0,2	0,5	0,2	0,2	–	0,3
Argentina	3,9	2,1	0,2	3,7	–	–	2,1	–
Peru	6,6	9,2	0,4	6,1	2,0	–	9,2	–
Chile	8,4	2,3	0,7	7,7	2,3	–	–	2,3

Fonte: FMI, 2020a.
*corresponde às receitas e às despesas do setor público.
** corresponde a variações da dívida líquida total, interna ou externa.
Elaboração própria.

Como parte dos acordos firmados, os países se comprometeram a tomar medidas que promovessem o uso responsável e transparente dos recursos. Em relação à dívida de países com o Fundo, a instituição informou que foi aprovado o alívio imediato da dívida de 27 países, tendo como base o Fundo Fiduciário para Alívio e Contenção de Catástrofes (FFACC). Esses países iriam receber subsídios para cumprir suas obrigações de dívida com o FMI durante uma fase inicial de seis meses. O FMI informou também que estaria tentando aumentar os recursos do FFACC de cerca de US$ 500 milhões para US$ 1,4 bilhão com o objetivo de estender a duração do alívio. Com relação às dívidas bilaterais, o FMI solicitou, em 25 de março de 2020, que os credores bilaterais suspendessem o pagamento do serviço da dívida dos países mais pobres. Em 15 de abril de 2020, o G20 acatou essa sugestão. O Fundo estima que as medidas de política fiscal realizadas pelos países para enfrentar a crise sanitária e mitigar os efeitos da crise econômica totalizaram cerca de US$ 9 trilhões, sendo que somente os países do G20 teriam utilizado US$ 7 trilhões (IMF, 2020).

Na esfera monetária, os bancos centrais cortaram as taxas de juros, sendo que, nos países mais avançados, seu nível atingiu mínimos históricos, e forneceram liquidez adicional ao sistema financeiro mediante operações de mercado aberto. O FMI destacou também que alguns bancos centrais fortaleceram a liquidez em dólares estadunidenses por meio de mecanismos de crédito recíproco (ou linhas de *swap*) e compraram ativos de maior risco, como títulos corporativos. Nesse último caso, segundo o Fundo, os bancos centrais, ao atuarem como "compradores de última instância" e ajudarem a conter as pressões de alta sobre os custos do crédito, garantiram que famílias e empresas continuassem a ter acesso a crédito. Destaca-se que, mais uma vez, o capital portador de juros, na sua forma de capital fictício, foi beneficiado, ao ser assegurado que esses títulos não sofressem desvalorização. O próprio FMI diz a esse respeito:

> Graças a essas medidas destinadas a conter as consequências da pandemia, a atitude dos investidores se estabilizou nas últimas semanas. As tensões em alguns mercados diminuíram um pouco e os preços dos ativos de risco recuperaram parte do terreno que haviam cedido. As condições financeiras melhoraram ligeira-

mente, especialmente nas economias avançadas, graças a uma recuperação do apetite pelo risco e às valorizações das empresas impulsionadas por medidas de política monetária acomodatícias sem precedentes. (FMI, 2020d, *on-line*, tradução nossa)[2]

Nos primeiros meses da pandemia, frente a esse protagonismo do Estado, não foram poucos os que começaram a afirmar em seus artigos e em incontáveis *lives* que a pandemia teria enterrado o neoliberalismo e que, de uma certa forma, todos os governos teriam se tornado keynesianos.[3] Em coluna para o jornal *The Guardian*, Will Hutton (2020), por exemplo, afirma que a forma de globalização baseada no livre mercado estaria morrendo. Zizek (2020), em um "deslize" em seu instigante livro *Pandemia – Covid-19 e a reinvenção do comunismo*, dá grande importância para as ações do primeiro-ministro inglês, Boris Johnson, de nacionalizar as ferrovias como forma de mitigar os efeitos negativos da crise econômica. O filósofo esloveno diz que o "impossível já está ocorrendo", se referindo ao fato de Boris Johnson, defensor do livre mercado e do Brexit, adotar medidas de nacionalização de um mercado específico: o ferroviário. No Brasil, vários analistas também consideram a possibilidade de o neoliberalismo ter sido colocado em questão pela necessidade de os Estados terem que agir fortemente contra as consequências da pandemia.

Essa interpretação dos fatos é um equívoco e deriva da não compreensão de pelo menos três aspectos: 1) o neoliberalismo

---

[2] "Gracias a estas medidas dirigidas a contener las consecuencias de la pandemia, la actitud de los inversionistas se ha estabilizado en las últimas semanas. Las tensiones en algunos mercados se han moderado en cierto grado y los precios de los activos de riesgo han recuperado parte del terreno que habían cedido. Las condiciones financieras han mejorado en cierto grado, sobre todo en las economías avanzadas, gracias a un repunte del apetito de riesgo y las valuaciones de las empresas estimulado por medidas acomodaticias de política monetaria sin precedentes" (FMI, 2020d, *on-line*).

[3] Os parágrafos seguintes constituem uma versão modificada de parte de Marques e Depieri, 2020.

não constitui um "regime" de acumulação e sim a *expressão*, no plano da política econômica, do ordenamento e da reprodução societal, de um específico regime de acumulação; 2) a condução neoliberal do Estado não implica um Estado Mínimo e sim uma clara escolha das atividades onde ele atua, entregando outras ao setor privado, especialmente aquelas identificadas com o período dos 30 anos que se seguiram à Segunda Guerra Mundial, conhecido como "Estado de Bem-Estar"; 3) o Estado é um instrumento de dominação de classe (capitalistas e proprietárias), que deve prezar pela manutenção de sua dominação.

Há mais ou menos 40 anos, o capital dominante, isto é, que está no centro das relações econômicas e sociais, é o capital portador de juros (chamado de capital financeiro pela mídia). Esse capital, especialmente na sua forma de capital fictício, não tem nenhum comprometimento com a geração de emprego e renda, colocando-se numa posição de exterioridade à produção. Como dizia Marx (1981), dinheiro que faz dinheiro sem passar pelas agruras da produção. Desde que esse capital readquiriu liberdade para atuar (quando foram procedidas as desregulamentações financeiras), seu crescimento foi descomunal, principalmente enquanto capital fictício, equivalendo a dez vezes o PIB mundial (Marques, 2015). A liberdade de ação desse capital somente poderia ser promovida com a condição simultânea da defesa da liberdade de todos os capitais, se fosse colocada em marcha uma ampla desregulamentação, de modo a eleger o mercado o "*locus*" da alocação ótima de recursos. É o que aconteceu e ainda está em processo, dado que, em alguns países, ainda há resistência para a plena implantação do neoliberalismo.

Para isso, basta lembrar que, na França, a resistência da sociedade não permitiu a realização de uma reforma cabal em seu sistema previdenciário. E o mesmo aconteceu no Brasil, que, apesar do avanço da incorporação do princípio meritocrático na definição dos direitos, a reforma realizada pelo governo de Jair Bolsonaro não se logrou nem a extinção do piso igual a um salário mínimo dos benefícios nem a introdução do regime de capitalização. No Reino Unido, em que pese as investidas realizadas contra o sistema nacional de saúde, especialmente durante o governo de Margareth Thatcher, e que teve prosseguimento nas gestões posteriores, com a introdução de orçamento definido, elevação do ticket moderador, adoção de princípios ditos de mercado na administração, entre outros expedientes, o sistema público resistiu e foi fundamental no combate à Covid-19.

São esses os fundamentos que nos permitem afirmar que, nas últimas décadas, a reprodução do capital ocorre sob a supremacia do capital portador de juros, o que acarreta um conjunto de consequências no plano econômico e social. Apenas para lembrar as principais, mencionamos: baixo crescimento; baixo nível de investimento (parte do lucro é direcionada ao mercado de ativos); elevado desemprego (como decorrência do fraco desempenho da economia e como resultado da exigência dos acionistas que promovem o fechamento de filiais quando essas, mesmo lucrativas, registram resultados abaixo da rentabilidade do mercado financeiro); redução dos salários; maior intensidade do trabalho; aumento da precarização do trabalho e da informalidade no total dos ocupados; redução da participação dos salários na renda nacional dos países (como resultado da situação em que se encontram os trabalhadores); aumento da desigualdade e da pobreza. A dominância desse capital expressa-se, no plano ideológico e nas políticas empreendidas pelos Estados, como neoliberalismo, de modo que um não pode existir sem o outro. Pensar que a pandemia encerrou o neoliberalismo e que o mundo pós-pandemia pode se organizar de uma outra forma pela simples razão de o Estado ter assumido o protagonismo no combate à Covid-19 e à crise por ela provocada é esquecer este fato básico: dominância do capital portador de juros e neoliberalismo constituem uma unidade indissociável. A atuação do Estado em meio a pandemia não é, portanto, contraditória à permanência do neoliberalismo.

A conta, quem paga a conta?

O aumento da dívida pública da maioria dos países – decorrente dos gastos relativos ao combate à pandemia e à mitigação de suas consequências na atividade econômica, e da diminuição das receitas tributárias – colocou rapidamente em debate a questão de como seria paga a conta no futuro próximo. Nesse debate, vários "atores" se fizeram presentes, como agências internacionais, representantes de governos, economistas de todos os matizes e organismos que têm a dívida pública como seu objeto principal de análise e de intervenção no cenário político de vários países. Entre estes últimos, destaca-se o Comitê para Anulação das Dívidas Ilegítimas (CADTM), conhecido por sua participação no debate sobre o pagamento da dívida grega, em 2009/2010; e, antes disso, no Equador, quando detalhou a origem e a natureza da dívida desse país, o que levou, com base no apoio do forte movimento social existente, o governo norueguês anular as dívidas que reclamava.

Eric Toussaint, porta-voz do CADTM Internacional, e Milan Rivié, em texto publicado na página desse Comitê em 26 de outubro de 2020, afirmam que, nos países em desenvolvimento (PEDs), há uma nova crise da dívida em curso, apesar de as taxas de juros internacionais estarem em queda. Isso porque a dívida, que havia estagnado ou aumentado moderadamente no período entre 2000 e 2008, dobrou nos dez anos seguintes (2008-2018). Para isso, concorreu que as tomadas de empréstimos foram maiores que os pagamentos realizados e que houve aumento das taxas de juros dos empréstimos dirigidos aos PEDs a partir de 2015. Esse aumento está associado às incertezas que surgiram no tocante à evolução dos principais fatores que impulsionaram o crescimento e o acúmulo das reservas internacionais dos PEDs, tais como "o fim do superciclo das *commodities* e a desaceleração do crescimento da economia mundial no contexto da guerra comercial entre os Estados Unidos e a China" (Toussaint e Rivié, 2020, *on-line*).

A isso, soma-se o processo de desvalorização das moedas desses países, que vinha em marcha desde 2015, mas foi acentuado com a crise da Covid-19. Como a maioria dos empréstimos foi realizado em moeda estadunidense, a valorização do dólar frente às moedas locais constitui mais um elemento que onera o pagamento da dívida desses países. Toussaint e Rivié (2020) consideram que essas desvalorizações ocorrem por iniciativa das próprias classes dominantes locais, que compram dólares para aplicar em praças mais atrativas no exterior. Para fazer frente a esse movimento, os bancos centrais desses países, na tentativa de impedir a desvalorização de suas moedas ou de diminuir o grau de desvalorização, fazem uso de reservas cambiais e, com isso, reduzem a capacidade de pagamento da dívida em dólar, aumentando o risco de *default*. A isso ainda concorreriam o envio de lucros e dividendos pelas grandes empresas, as quedas das exportações e dos preços das *commodities*. Assim, os autores concluem que:

> Mesmo que as taxas de juros permanecessem em níveis historicamente baixos, os países teriam que recorrer cada vez mais às suas reservas de divisas para pagar a dívida. Como as receitas de exportação estão diminuindo como resultado da crise econômica global agravada de forma brutal e monumental pelos efeitos da covid-19, a situação está se tornando crítica para toda uma série de países em desenvolvimento. (Toussaint e Rivié, 2020, *on-line*)

Por essas razões, as medidas adotadas pelos países que compõem o G20 com relação às dívidas dos PEDs foram consideradas inadequadas pelo CADTM. Como é sabido, em abril de 2020, o G20 e o Clube de Paris criaram a Iniciativa de Suspensão do Pagamento da Dívida (ISSD), que adiava o "serviço da dívida bilateral até dezembro de 2020, diferindo-o para o período de 2022 a 2024, o que significa que os montantes não pagos em 2020 vão somar-se às quantias a serem pagas naquelas datas" (CADTM, 2020, *on-line*). No dia 14 de outubro, os ministros das finanças dos países do G20 resolveram prolongar por mais seis meses a ISSD e, segundo o CADTM, não enfrentaram os principais problemas relacionados à dívida dos PEDs. Para esse Comitê, o que se faz necessário é, portanto, anular a dívida desses países. É por isso que afirmam que:

[...] é necessário constituir uma frente de países do Sul contra o pagamento das dívidas ilegítimas. Era o que propunha, faz já 33 anos, Thomas Sankara, jovem presidente do Burkina Faso. Outro tanto propunha na mesma época Cuba e Fidel Castro. Para que isso aconteça, é necessária uma tomada de consciência por parte das populações, com poderosas mobilizações. O CADTM saúda a constituição de uma grande coligação mundial de movimentos de luta contra as dívidas ilegítimas, com mais de 550 organizações presentes, provenientes de 90 países, para subscrever uma declaração comum e agir em conjunto, no âmbito da semana de ação mundial pela anulação da dívida. (CADTM, 2020, *on-line*)

Para Chesnais (2020), a questão que está colocada não se resume à anulação das dívidas dos PEDs, no caso, dívidas externas. A situação criada pela Covid-19, ao elevar a dívida pública em função das medidas tomadas para fazer frente à pandemia e à recessão, coloca a possibilidade, pela primeira vez, da luta pela anulação da dívida poder ser simultaneamente levada em todos os países, incluindo, portanto, a dívida pública dos países capitalistas avançados e imperialistas. Nesse artigo, no entanto, Chesnais lembra que a aplicação de uma das opções que sempre se colocam, teoricamente, com relação ao tratamento da dívida pública – pagar a dívida, mesmo que em vários anos; reduzir seu tamanho mediante vários instrumentos; anulá-la – depende da relação de forças entre o capital e o trabalho no momento em questão. Ademais, é importante saber quem são os credores da dívida.

No plano mundial, tudo parece indicar que a relação de forças continuará desfavorável aos trabalhadores, dado que o nível de desemprego deve se manter alto tanto devido às dificuldades de retomada do crescimento das economias, como em função da transição sistêmica (via indústria 4.0, internet das coisas e mesmo os avanços com relação à inteligência artificial) que já estava em curso antes do início da pandemia, mas que com ela se acelerou. Isso não implica, evidentemente, que a retomada das lutas dos trabalhadores não esteja se fazendo presente em alguns países, tal como vimos acontecer na Bolívia e mesmo no Chile. Mas, mantida essa relação desfavorável, o que imperará é a continuação da lógica ou do imperativo de pagar a dívida, não importando o tempo necessário para fazê-lo. Fica claro também que a volta à austeridade como princípio norteador dos gastos públicos prejudicará não só os setores que mais foram afetados pela crise econômica provocada pela Covid-19, mas também os setores de renda média. O avanço da luta pela anulação da dívida pública, parcial ou não, implica a subversão do modo atual da reprodução do capital, largamente determinado pelo capital portador de juro e, dentro dele, do capital fictício do qual os títulos públicos são parte integrante importante.

Não estaria descartado, no entanto, que, em alguns países, a necessidade de as classes dominantes darem uma resposta às questões sociais, que revelaram toda sua nudez durante a pandemia e que devem se aprofundar no período posterior, conduza a soluções mais "negociadas". Essas soluções, no entanto, ocorreriam mais no campo orçamentário, flexibilizando a ideia de austeridade, isto é, deixando certos gastos, principalmente aqueles dirigidos à manutenção da renda dos setores mais pobres e vulneráreis da população, de fora do controle estrito.

Em resumo, a resposta à pergunta deste subtítulo depende de saber se a maioria da população conseguirá se organizar para garantir que a conta não recaia, novamente, sobre ela.

CAPÍTULO 3
A desigualdade sem máscara

O primeiro caso de Covid-19 registrado no Brasil ocorreu em 26 de janeiro de 2020, na cidade de São Paulo – a maior do país, com mais de 12 milhões de habitantes –, resultado de transmissão ocorrida no exterior. No final da quinta semana epidemiológica de 2021, no dia 6 de fevereiro de 2021, o Ministério da Saúde (MS) já contava 9.497.795 casos e 231.012 óbitos decorrentes da Covid-19 no território nacional. No conjunto do país, a taxa de letalidade estava em 2,4% e acusava 1.099 óbitos por 1 milhão de habitantes, muito acima da média mundial. A crise sanitária, e a crise econômica decorrente do isolamento social, escancararam e revelaram vários aspectos da realidade brasileira que muito prejudicaram o quadro sanitário. Entre eles, destacamos: a falta de coordenação das ações de saúde por parte do MS; o conflito relativo à condução do combate à Covid-19 entre o presidente da república, dois de seus ministros da saúde (durante a pandemia, o MS contou, até novembro, com três ministros, sendo o último um general do exército) e governadores de estados; a inexistência de uma indústria local forte que pudesse rapidamente produzir a quantidade necessária tanto de equipamentos de proteção individual (EPIs) como de respiradores; a existência de um forte setor negacionista com relação à ciência na população brasileira; o peso da desigualdade na exposição à Covid-19; entre outros. Neste capítulo, abordaremos alguns aspectos da desigualdade que ficaram evidentes durante a pandemia: as desigualdades sociais e territoriais e as desigualdades na condição de saúde e no acesso aos serviços de saúde. Isso porque a pandemia escancarou aquilo que a maioria das pessoas já sabia. Que as sociedades capitalistas (umas mais do que outras) encerram desigualdades de toda ordem: de renda, de patrimônio, de condição de moradia, de trabalho, entre outras. Na base dessas desigualdades, encontra-se a estrutura formada pelas classes sociais, tornada ainda mais complexa pela questão da raça ou cor e de gênero. No Brasil, não foi diferente.

As desigualdades sociais e territoriais frente à Covid-19

A pandemia, ao se abater sobre a população brasileira como se fosse uma fortíssima tempestade, revelou que nem todos estavam no mesmo barco, tal como se expressou Nísia Trindade, presidente da Fundação Oswaldo Cruz. Se alguns estavam mais preparados por terem mais acesso aos serviços de saúde e melhores condições de renda, emprego e moradia, outros encontravam-se mais vulneráveis, vivenciando situações de maiores riscos de contágio e de incertezas quanto a sua renda. As desigualdades sociais do país revelaram-se sem subterfúgios. Foi a população de renda mais baixa, que mora nas favelas, nos cortiços e na periferia das cidades, cujas condições de moradia são precárias, tanto em termos de espaço como de acesso à água corrente e ao saneamento básico, a que foi mais suscetível à contaminação do vírus e a que mais veio a óbito. Essa população, que em sua maioria exerce trabalho informal (sem direitos previdenciários e trabalhistas), é de maioria parda ou preta.

As desigualdades sociais no Brasil são estruturais e fortemente marcadas pelo seu passado escravocrata. O país foi o último das Américas a abolir a escravidão, em 1888. Não é por outro motivo que sua população parda ou preta está situada nas primeiras faixas de renda, tem vínculos extremamente frágeis no mercado de trabalho, habita em domicílios precários e tem dificuldades de acesso aos equipamentos públicos. Em outras palavras, é uma população que, em comparação com a branca, vive pior em todos os sentidos, inclusive apresentando uma menor expectativa de vida ao nascer.

Nos últimos anos, o quadro de desigualdades, que havia melhorado um pouco no período dos governos de Luiz Inácio Lula da Silva e Dilma Rousseff, piorou, não só como reflexo da recessão dos anos 2015/2016 e da semiestagnação da economia que se seguiu até 2019, mas também devido ao não prosseguimento ou ao enfraquecimento de políticas sociais que haviam sido priorizadas durante a gestão do Partido dos Trabalhadores (PT), tais como a valorização do salário mínimo e o Programa Bolsa Família (PBF). A primeira política, que resultou no aumento real do salário mínimo em 77% (2002 a 2015), beneficiou não só os trabalhadores que o recebem, mas também os milhões de aposentados brasileiros rurais e urbanos que têm direito ao piso previdenciário, os beneficiários do Benefício de Prestação Continuada (BPC) da área assistencial, e as pessoas com remunerações mais baixas, que são sensíveis ao aumento do salário mínimo.

A descontinuidade da valorização do salário mínimo resultou em piora no Índice de Gini[1] nos últimos anos e aumento da pobreza no país. Entre 2002 e 2015, houve uma tendência de redução (de 0,583 para 0,524) deste índice, que foi revertida a partir de 2016, quando aumentou para 0,537, chegando a 0,545 em 2018. Em 2019, ele foi um pouco menor, 0,543. Já o Índice de Pobreza, que calcula o percentual da população que vive abaixo da linha de pobreza, passou de 22,8% em 2014 para 25,3% em 2018. Esse é o pano de fundo sobre o qual atuou a pandemia e a recessão provocada pelo necessário isolamento social.

Em julho, em todo território nacional, 36% dos casos confirmados de Covid-19 e 40,1% dos óbitos eram de pessoas pardas ou pretas (MS, 2020a). Esses percentuais, no entanto, estão abaixo da representação desse segmento na população total (em 2018, a soma dos pardos e pretos perfazia 55,8% – IBGE, 2020b),

---

[1] Expressa a desigualdade de renda. Varia entre 0 e 1. Zero indica renda igual para todas as pessoas e 1, o máximo de desigualdade, isto é, uma única pessoa deteria toda a renda do país.

mas é preciso considerar que do total de casos confirmados e de óbitos, 33,9% e 32,5% foram classificados como ignorados ou sem informação (MS, 2020a). As informações relativas à cidade de São Paulo, no entanto, não deixam dúvidas sobre qual a cor predominante das vítimas da pandemia. Em julho, o Instituto Polis, ao divulgar os resultados de sua pesquisa sobre raça e óbitos pela Covid-19 nesse município, mostrou que a taxa da população negra foi de 172 mortes por 100 mil habitantes, enquanto a taxa de mortalidade da população branca foi de 115 mortes por 100 mil.[2] Quando observado o recorte de gênero e raça/cor ao mesmo tempo, a taxa de mortalidade padronizada de homens negros chega a 250 mortes por 100 mil habitantes, enquanto a taxa para brancos é de 157 mortes por 100 mil. Entre as mulheres, sempre em relação a 100 mil habitantes, a taxa foi de 140 entre as negras e de 85 mortes entre as brancas (Instituto Polis, 2020). Em 6 de novembro de 2020, a Fundação Seade (2020) informava que, para um total 13.196 óbitos, com dados atualizados até 14 de outubro, 38% eram de pessoas de cor parda (29,4%) e preta (8,6%). Já a letalidade, ainda segundo a Fundação Seade, era de 4,7% para brancos, 3,5% para pardos, 6,2% para pretos, 0,8% para indígenas e 2,3% para pessoas de cor amarela.

---

[2]　O Instituto Polis esclarece que padronizou as taxas de mortalidade, tal como segue: "A padronização permite a comparação das taxas de populações com composições etárias distintas. O método parte do cálculo das taxas de mortalidade brutas para negros e brancos e segmenta o mesmo cálculo para cada uma das faixas etárias das duas populações – neste caso, de cinco em cinco anos. Assim, obtém-se uma taxa de mortalidade para cada faixa etária de cada população. Em seguida, adota-se uma população padrão (daí o nome do método) que servirá de referência enquanto perfil demográfico. A população padrão adotada é a do próprio MSP. Com uma regra de três simples, extrai-se o número de óbitos para cada cem mil habitantes que cada faixa etária de cada população deveria ter se aquele grupo tivesse as mesmas características da população padrão adotada. A somatória dos números obtidos para cada faixa de idade resulta na taxa de mortalidade padronizada daquela população como um todo" (2020, *on-line*).

A pesquisa da Rede Nossa São Paulo, referente a junho de 2020, é rica em informações por cruzar o número de óbitos por Covid-19 com variáveis como renda, trabalho informal, nível de pobreza. O cruzamento dos dados de óbitos por Covid-19 e da renda média das famílias mostrou que os distritos com menor renda registraram 2,7 vezes mais mortes do que os que concentram maior renda. Esses distritos são: Jardim São Luís (renda familiar mensal de R$ 983 e 256 mortes, com uma taxa de mortalidade de 97,9 por 100 mil habitantes), Raposo Tavares (R$ 1.519 e 105 mortes, com taxa de 108,3); Jaraguá (R$ 1.702 e 162 mortes, com taxa de 73,5) e Artur Alvim (R$ 1.832 e 161 mortes, com taxa de mortalidade de 153,5 por 100 mil habitantes). As rendas familiares desses distritos equivalem a 16,8% da renda média familiar dos distritos mais ricos, tais como Alto de Pinheiros (R$ 9.344 e 48 mortes, com taxa de mortalidade de 126 por 100 mil habitantes), Morumbi (R$ 9.091 e 42 mortes, com taxa de 131), Perdizes (R$8.756 e 103 mortes, com taxa de 105,4) e Consolação (R$ 8.755 e 60 mortes, com taxa de 133,4).[3]

Da mesma forma, os distritos que concentram maior número de famílias em situação de extrema pobreza registraram o maior número de mortos, quando comparados aos demais distritos. Nessa situação estão Grajaú (com 34.430 famílias em situação de extrema pobreza e o registro de 302 óbitos), Jardim Ângela (com 26.857 famílias e 282 mortes), Cidade Ademar (21.577 famílias e 262 mortes) e Jardim São Luís (20.771 famílias e 256 mortes). Esses distritos concentram 202,8 vezes mais famílias com até um quarto de salário-mínimo em relação à média da situação dos distritos.

Na verdade, as informações trazidas pela Rede necessitariam ser ponderadas pela população de cada bairro ou distrito, tal como

---

[3] Esse e os próximos parágrafos, relativos aos resultados da pesquisa da Rede, com informações a eles adicionadas, fazem parte de Marques e Depieri (2020, no prelo). O mesmo quanto às informações do LabCidade, mencionadas mais adiante.

fizemos, ao complementar os dados relativos à renda familiar. As disparidades apontadas pela Rede tornam-se mais evidentes quando se observa os dados sobre mortalidade por Covid-19 por 100 mil habitantes, no final de agosto de 2020, nos distritos da cidade de São Paulo. Os quatro distritos (Água Rasa, Artur Alvim, Belém e São Miguel Paulista) com maiores taxas localizam-se na zona leste da cidade, região tradicionalmente associada a rendas baixas. Eles possuem taxas superiores a 206 óbitos por 100 mil habitantes, enquanto distritos considerados mais nobres (por possuírem maior proporção de domicílios com maior faixa de renda e por disporem de melhor infraestrutura urbana e de moradia), como Alto de Pinheiros, Itaim Bibi, Moema, Jardim Paulista, Perdizes, Pinheiros e Morumbi, apresentavam uma taxa de mortalidade média de 124 por 100 mil habitantes. Aliás, nota-se que, em praticamente todos os distritos da Zona Norte e da Zona Leste da cidade, as taxas são superiores à média desses distritos considerados mais nobres.

Ao relacionar a expectativa de vida ao nascer com a taxa de mortalidade por Covid-19 por 100 mil habitantes, verificamos que nos sete distritos considerados nobres, que apresentam as maiores expectativas de vida entre os distritos da capital paulista (85,33; 83,19; 85,06; 84,44; 82; 84,24; 82,58, respectivamente, para o ano de 2017), a taxa de mortalidade é de 124, tal como mencionada anteriormente. Já no distrito de São Miguel, com a expectativa de vida mais baixa da cidade, foi registrado, em agosto, 206 óbitos por 100 mil habitantes.

O Laboratório Espaço Público e Direito à Cidade (LabCidade), por sua vez, investigou a relação entre o fluxo de circulação das pessoas em transporte público e os dados de hospitalização por Síndrome Respiratória Aguda Grave (SRAG) não identificadas e por Covid-19 na cidade de São Paulo. Sua conclusão é de que havia forte

> [...] associação entre os locais que mais concentraram as origens das viagens com as manchas de concentração do local de residência de pessoas hospitalizadas com Covid-19 e com SRAG sem

> identificação, possivelmente de casos de Covid-19, mas que não foram testados ou não tiveram resultado confirmado. (Marino *et al.*, 2020, *on-line*)

Nossa hipótese é que as pessoas que se deslocaram para seu local de trabalho, durante o período analisado pela pesquisa do LabCidade, eram formadas majoritariamente por trabalhadores informais ou precários de toda ordem, que não tinham como manter suas rendas se permanecessem em casa, em que pese a ajuda emergencial do governo federal. Os locais que foram identificados com alta correlação entre as origens das viagens e as residências das pessoas hospitalizadas convergem em parte com o observado pela Rede no quesito baixo nível de postos de trabalho formal existentes nos distritos e bairros.

No meio dessa imposição categórica da desigualdade social no número de óbitos por Covid-19, a realidade de Paraisópolis, quarta maior favela do Brasil, que reúne 19.262 domicílios e uma população estimada em mais de 70 mil pessoas, parecia ser uma exceção em 18 de maio. Segundo levantamento realizado pelo Instituto Polis, nessa data, a taxa de mortalidade para 100 mil habitantes era de 21,7 pessoas, bem abaixo da média municipal (56,2) e de bairros como Pari (127), Brás (105,9), Brasilândia (78), e Sapopemba (72) que, tal como Paraisópolis, reúnem todos os quesitos analisados anteriormente (baixa renda, população preta ou parda etc). Naquele momento, a diferença de Paraisópolis, em relação a outros bairros e favelas semelhantes, estava na sua auto-organização, que permitiu o acompanhamento da situação sanitária de todos os seus habitantes e o encaminhamento a serviços de saúde públicos quando se fizesse necessário, além da distribuição de alimentos e bens de primeira necessidade às famílias (Agência Brasil, 2020). A organização de base com a definição de responsáveis a cada rua e com as visitas feitas de porta em porta lembravam o primeiro pilar da atenção básica desenvolvido por Cuba durante o combate vitorioso à Covid-19. Em agosto, no entanto, os óbitos por 100 mil habitantes em

Paraisópolis já estavam em 54. Mesmo assim, abaixo da média de 75 registrada no distrito de Vila Andrade (uma das regiões com maiores disparidades socioeconômicas da cidade), em que ela se localiza. No mesmo mês, o município apresentava uma taxa de 144 óbitos por 100 mil habitantes.

Esse conjunto de informações, trazido pelos resultados das pesquisas do Instituto Polis, da Rede e do LabCidade, atesta que as desigualdades sociais e a cor ou raça da população foram (e são) determinantes para os resultados de números de óbitos pela Covid-19. Embora essas conclusões digam respeito à cidade de São Paulo, elas podem ser associadas ao que aconteceu em outras grandes cidades do país, onde a desigualdade e a pobreza também estão presentes.

Tabela 3.1 – Brasil. Covid-19, IDHM e Gini, por unidade da federação

UF	Covid-19*			IDHM 2017	Gini 2019
	Incidência	Óbitos p/ milhão hab	Letalidade		
Acre	4,00%	819	2,05%	0,719	0,497
Alagoas	2,82%	698	2,48%	0,683	0,452
Amapá	6,86%	948	1,38%	0,740	0,483
Amazonas	4,25%	1.172	2,76%	0,733	0,514
Bahia	2,64%	550	2,09%	0,714	0,533
Ceará	3,25%	1.045	3,21%	0,735	0,547
Distrito Federal	7,52%	1.297	1,72%	0,850	0,551
Espírito Santo	4,59%	1.047	2,28%	0,772	0,491
Goiás	3,95%	898	2,28%	0,769	0,429
Maranhão	2,72%	603	2,21%	0,687	0,497
Mato Grosso	4,50%	629	1,84%	0,774	0,428
Mato Grosso do Sul	3,43%	1.165	2,59%	0,766	0,471
Minas Gerais	1,92%	468	2,43%	0,787	0,471
Pará	3,12%	529	2,24%	0,698	0,509
Paraíba	3,59%	800	2,56%	0,722	0,539
Paraná	2,35%	815	2,27%	0,792	0,461
Pernambuco	1,87%	940	5,03%	0,727	0,534

Piauí	3,80%	795	2,09%	0,697	0,551
Rio de Janeiro	2,00%	1.297	6,47%	0,796	0,504
Rio Grande do Norte	2,53%	760	3,00%	0,731	0,521
Rio Grande do Sul	2,71%	588	2,17%	0,787	0,471
Rondônia	4,43%	864	1,95%	0,725	0,449
Roraima	10,33%	1.194	1,15%	0,752	0,529
Santa Catarina	4,79%	504	1,05%	0,808	0,405
São Paulo	2,68%	910	3,40%	0,826	0,507
Sergipe	3,86%	997	2,59%	0,702	0,552
Tocantins	5,11%	734	1,44%	0,743	0,498
Brasil	2,95%	816	2,76%	0,778	0,509

Fontes: IBGE (2020d). Atlas do Desenvolvimento Humano no Brasil. MS (2020d).
(*) Dados de Covid-19 atualizados até 26 de novembro de 2020.
Elaboração própria.

A pandemia também afetou de maneira desigual os estados da federação. Na Tabela 3.1, podemos ver a taxa de incidência dos casos de Covid-19, o número de óbitos por milhão de habitantes, a taxa de letalidade (óbitos por número de casos), o IDHM (2017) e o Índice de Gini (2019) em cada Estado. A incidência da Covid-19 ocorre com intensidade bastante diferenciada entre as unidades da federação, com destaque para, de um lado, Roraima (10,33%), Distrito Federal (7,52%) e Amapá (6,86%); e, de outro, Pernambuco (1,87%), Minas Gerais (1,92%), Rio de Janeiro (2,0%). É necessário considerar, no entanto, que o número de testes realizados influencia na taxa de incidência apresentada em cada Estado.

Já as maiores taxas de mortalidade por milhão de habitantes, em ordem decrescente, são observadas nos estados de Distrito Federal, Rio de Janeiro, Roraima, Amazonas, Mato Grosso do Sul, Espírito Santo e Ceará, todos eles acima de mil. O primeiro, sedia a capital do país e possui 33 administrações regionais, isto é, além do Plano Piloto onde se situa Brasília, abarca várias outras cidades, algumas bastante populosas e com diversos problemas sociais e econômicos. Além disso, a segunda maior favela do país, Sol Nascente, com 25.541 domicílios, fica no Distrito Federal. Já o destaque do Rio de Janeiro pode ser parcialmente explicado pela presença, na capital, da primeira e terceira maiores favelas do Brasil – Rocinha e Rio das Pedras. Assim como pelo fato de sua área da saúde acumular dificuldades e disfunções há vários anos. Ademais, a taxa de letalidade apresenta-se bastante elevada no Rio de Janeiro (6,47%) e em Pernambuco (5,03%). Novamente a quantidade de testes realizados pode estar afetando esses números.

A relação dos indicadores relativos à Covid-19 com o IDHM não acusou nenhuma correlação significativa, sendo possível encontrar alta taxa de mortalidade associada tanto a IDHM elevado como baixo, como verificamos no Distrito Federal e no Amazonas, respectivamente. Em relação ao Índice de Gini, observa-se uma relação direta, isto é, quanto maior o Gini, maior a taxa de mortalidade. Exemplo disso é dado pelo Distrito Federal (maior Gini e maior taxa de mortalidade) e por Santa Catarina (menor Gini e segunda menor taxa de mortalidade).

As desigualdades na condição de saúde e no acesso à saúde

É sabido que a condição de saúde e a idade são importantes fatores na evolução à óbito em casos de Covid-19. No Boletim Epidemiológico Especial n. 36, do Ministério da Saúde, que analisa os dados até a semana epidemiológica (SE) 42 (11 a 17 de outubro de 2020), registra-se que, dos 150.295 óbitos notificados entre as SE 8 e 42, 96.931 (64,4%) apresentavam pelo menos uma comorbidade ou fator de risco para a doença (Gráfico 3.1). "Cardiopatia e diabetes foram as condições mais frequentes, sendo que a maior parte destes indivíduos, que evoluiu a óbito e apresentava alguma comorbidade, possuía 60 anos ou mais de idade" (MS, 2020b, p. 36).

Gráfico 3.1 – Brasil. Comorbidades e fatores de risco dos óbitos de SRAG por Covid-19, até a 42ª semana epidemiológica de 2020

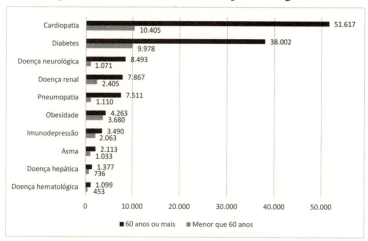

Fonte: MS, 2020b.
SRAG = Síndrome respiratória aguda grave.

Gráfico 3.2 – Taxa percentual de letalidade e prevalência de doenças pré-existentes nos óbitos por Covid-19, na cidade de São Paulo, em 2020*

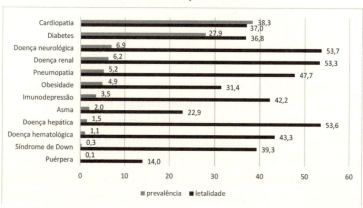

Fonte: Fundação Seade, 2020.
(*) Dados atualizados até 14 de outubro de 2020.
Elaboração própria.

Na cidade de São Paulo, para o total de óbitos de 13.196, correspondente às informações atualizadas em 14 de outubro de 2020, 38,3% e 27,9% foram de pessoas portadoras de cardiopatia e diabetes, respectivamente (Gráfico 3.2). A Fundação Seade também disponibiliza a taxa de letalidade ocorrida entre os portadores de doenças preexistentes. Ainda neste gráfico, podemos verificar que, embora a cardiopatia e a diabetes estejam associadas ao maior número de óbitos por Covid-19, a letalidade é maior entre aqueles portadores de outras doenças pré-existentes, tais como a neurológica, a renal e a hepática.

Nas informações disponibilizadas pelo Ministério da Saúde e pela Fundação Seade não há como saber o nível de renda daqueles que, registrando doenças pré-existentes, foram a óbito. Contudo, existe uma forte associação das pessoas que constam do grupo de risco com o baixo nível educacional, tal como destacam Pires, Carvalho e Xavier (2020, *on-line*) ao comentar a Pesquisa Nacional de Saúde (PNS) realizada pelo IBGE em 2013:

> A incidência de comorbidades (doenças crônicas associadas aos casos mais graves de Covid-19) é muito maior entre os brasileiros que só frequentaram o ensino fundamental do que nos demais grupos: 42%, ante 33% na média da população.

Se a essa informação associarmos o que nos apresenta a Pesquisa Nacional por Amostra de Domicílios Contínua (PNAD Contínua), realizada pelo IBGE, é possível se inferir que aqueles que auferem menor renda registram maior probabilidade de evoluírem a óbito quando contaminados pela Covid-19. No Gráfico 3.3, que apresenta o rendimento-hora médio do trabalho principal das pessoas ocupadas por cor ou raça, segundo o nível de instrução, podemos ver que quanto menor a instrução, menor é a remuneração. Podemos ainda constatar que, para todos os níveis de instrução, os ocupados de cor parda recebem menos do que os brancos.

O impacto da pandemia sobre a população também está relacionado ao maior ou menor acesso aos serviços de saúde. Em geral, considera-se que há uma relação positiva entre população que vive com renda baixa e em habitações precárias e pior acesso à saúde. Contudo, essa relação é em parte questionada pelos resultados obtidos por pesquisa realizada pelo IBGE sobre os aglomerados subnormais. Esses são definidos como:

> [...] formas de ocupação irregular de terrenos de propriedade alheia (públicos ou privados) para fins de habitação em áreas urbanas e, em geral, caracterizados por um padrão urbanístico irregular, carência de serviços públicos essenciais e localização em áreas que apresentam restrições à ocupação. (IBGE, 2020b, p. 5)

Gráfico 3.3 – Brasil. Rendimento-hora médio do trabalho principal das pessoas ocupadas, por cor ou raça, segundo o nível de instrução, em 2018

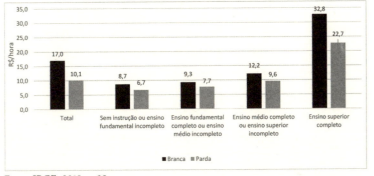

Fonte: IBGE, 2019, p. 28.

Os aglomerados subnormais estão presentes não somente nas grandes cidades e nas capitais, mas também em municípios menores. No município de Vitória do Jari (AP), por exemplo, que em 2019 tinha 15,9 mil habitantes, 74% dos domicílios ocupados encontravam-se em aglomerados subnormais. No país, como descrito na Tabela 3.2, uma lista (também de 2019) dos 15 municípios com mais de 50 mil habitantes, com maior proporção de aglomerados subnormais, três são capitais, quatro são municípios com população entre 350 mil e 750 mil habitantes, seis são municípios com população entre 100 mil e 350 mil habitantes e dois são em municípios com população entre 50 mil e 100 mil habitantes.

Tabela 3.2 – Estimativa de domicílios ocupados em aglomerados subnormais, entre os municípios com no mínimo 50 mil habitantes, com as maiores proporções em relação ao total de domicílios ocupados

Município	Quantidade de domicílios ocupados em aglomerados subnormais	Domicílios ocupados em aglomerados subnormais em relação ao total de domicílios ocupados (%)	Faixa – Número de habitantes
Viana (ES)	13.154	68,93	Entre 50 mil e 100 mil
Marituba (PA)	23.587	61,21	Entre 100 mil e 350 mil
Cariacica (ES)	66.941	61,07	Entre 350 mil e 750 mil
Belém (PA)	225.577	55,49	Capital
Ananindeua (PA)	76.146	53,51	Entre 350 mil e 750 mil
Manaus (AM)	348.684	53,38	Capital
Cabo de Santo Agostinho (PE)	30.420	46,24	Entre 100 mil e 350 mil
Benevides (PA)	8.647	42,73	Entre 50 mil e 100 mil
Salvador (BA)	375.291	41,83	Capital
Tucuruí (PA)	10.418	40,04	Entre 100 mil e 350 mil
Angra dos Reis (RJ)	22.153	39,85	Entre 100 mil e 350 mil
Paranaguá (PR)	16.332	39,51	Entre 100 mil e 350 mil
Jaboatão dos Guararapes (PE)	84.091	36,65	Entre 350 mil e 750 mil
Serra (ES)	55.126	36,31	Entre 350 mil e 750 mil
Cachoeiro de Itapemirim (ES)	22.255	35,40	Entre 100 mil e 350 mil

Fonte: IBGE (2020b).
Elaboração própria.

A maioria das cidades relacionadas na Tabela 3.2 funciona como cidade dormitório, localizadas em regiões metropolitanas e que se desenvolveram "acomodando" grande parte da força de trabalho que não possuía condições de arcar com os custos de vida (principalmente o de moradia) nas capitais. São os casos de Viana (ES), Marituba (PA), Cariacica (ES), Ananindeua (PA), Cabo de Santo Agostinho (PE), Benevides (PA), Jaboatão dos Guararapes (PE) e Serra (ES).

Essa é a lógica que leva São Bernardo do Campo-SP (18,1%) e Guarulhos-SP (14,2%) a apresentar proporções de domicílios em aglomerados subnormais superiores a da cidade São Paulo (12,9%). Em termos de quantidade, porém, a capital paulista é a cidade do país com mais domicílios em aglomerados subnormais, totalizando 529.921. Segue-se a ela a cidade do Rio de Janeiro, com 453.571 domicílios nessas condições. A capital fluminense, ainda, é palco do maior aglomerado subnormal do país, a Rocinha, com 25.742 domicílios, tal como mencionado anteriormente.

O IBGE estimou, para os conglomerados subnormais, as distâncias entre os domicílios e as unidades de saúde. As estimativas são de que 64,93% dos aglomerados subnormais estavam localizados a menos de dois quilômetros de hospitais e 79,53% estavam a menos de um quilômetro de unidades básicas de saúde. Além disso, "dos 13.151 aglomerados subnormais do país, somente 827 (6,29%) estavam a mais de cinco quilômetros de unidades de saúde com suporte de observação e internação" (IBGE, 2020b, *on-line*). Apesar de a maioria dos aglomerados estar próxima das unidades de saúde, o IBGE não investigou se estas estavam estruturadas para enfrentar as demandas decorrentes da pandemia de Covid-19.

Outra questão que pode ser registrada é que a distribuição de leitos de unidade de terapia intensiva (UTI) e de respiradores entre os estados da federação era bastante desigual no momento da chegada da pandemia no país. Podemos ver, na Tabela 3.3, que, enquanto Distrito Federal, Rio de Janeiro, São Paulo e Espírito Santo tinham, respectivamente, 29,3, 21,9, 18 e 17,8 leitos de UTI por 100 mil habitantes, os estados de Roraima, Acre, Amapá e Amazonas tinham, também respectivamente, 4,1, 5,4, 5,4 e 6,5 leitos por 100 mil habitantes. Já a média nacional era de 14,5 leitos por 100 mil habitantes.

Se considerarmos a quantidade de leitos habilitados ao SUS em relação à população não beneficiária de planos de saúde e, portanto, dependentes dele, além da média brasileira cair para 9,1, essa desigualdade entre os estados permanece de forma ainda mais intensa. Enquanto estados como Paraná, Minas Gerais e São Paulo dispunham, respectivamente, de 14,2, 12,5 e 12,2 leitos de UTI-SUS por 100 mil habitantes, essa disponibilidade era de apenas 1,5 no Amapá, 2,9 em Roraima e 3,9 no Acre.

No caso dos respiradores, equipamentos que realizam ventilação mecânica em pacientes com dificuldades respiratórias graves, a distribuição desigual se repete. Considerando o total de respiradores em uso no Brasil, encontravam-se disponíveis, em janeiro de 2020, 29,1 equipamentos por 100 mil habitantes, conforme pode ser visto na Tabela 3.3. No entanto, enquanto que no Distrito Federal essa disponibilidade era de 64,2, no Rio de Janeiro era de 39 e em São Paulo era de 38,5, os estados de Amapá, Piauí e Maranhão dispunham de apenas 10,4, 13,4 e 14, respectivamente. A mesma dispersão é observada quando se examina os dados sobre a disponibilidade de respiradores habilitados ao SUS relativamente à população SUS (como definida anteriormente, aquela que depende integralmente do SUS para ser atendida, por não ser beneficiária de planos de saúde). Nesse caso, os estados com as maiores (Distrito Federal, São Paulo e Rio de Janeiro) e menores disponibilidades de equipamento (Amapá, Maranhão e Piauí) são os mesmos para o total de respiradores.

Merece destaque, ainda, observar a superioridade do número de leitos privados de UTI, em relação aos do SUS, nos estados de São Paulo e Rio de Janeiro e no Distrito Federal. Certamente essa presença maior do setor privado se deve à alta cobertura dos planos de saúde, que beneficiam respectivamente 37,3%, 31,0% e 29,6% de suas populações, enquanto a cobertura média nos demais estados é de 16,4% (ANS, 2020). Como sabido, a base primeira das diferenças em termos de investimento na área da saúde decorre do dinamismo das economias dos estados e municípios sob a ótica da reprodução ampliada do capital. Dito de outra maneira, não só o nível de arrecadação tributária, como os serviços de saúde disponíveis, são reflexos do vigor de suas atividades econômicas.

Tabela 3.3 – Brasil. Leitos de UTI adulto, respiradores totais e habilitados pelo SUS (jan/2020) e população estimada, beneficiária de planos de saúde e população SUS (não beneficiária), para 2019, por Unidade da Federação

Unidade da Federação	Leitos de UTI adultos em jan/2020				Respiradores em jan/2020				População estimada – 2019 (mil hab)		
	Total		SUS		Total		SUS				
	n°	P/ 100 mil hab	n°	P/ 100 mil hab	n°	P/ 100 mil hab	n°	P/ 100 mil hab	Total	Benef.	SUS
Acre	48	5,4	33	3,9	144	16,3	140	16,7	882	42	840
Alagoas	299	9,0	176	5,9	509	15,3	410	13,8	3.337	366	2.972
Amapá	46	5,4	12	1,5	88	10,4	75	9,6	846	65	780
Amazonas	271	6,5	182	5,0	837	20,2	681	18,8	4.145	518	3.627
Bahia	1.478	9,9	777	5,8	3.027	20,4	2.383	17,9	14.873	1.585	13.288
Ceará	814	8,9	430	5,5	1.949	21,3	1.479	18,8	9.132	1.261	7.871
Distrito Federal	882	29,3	181	8,5	1.936	64,2	986	46,5	3.015	893	2.122
Espírito Santo	716	17,8	316	10,9	1.364	33,9	1.047	36,0	4.019	1.110	2.909
Goiás	1.053	15,0	516	8,8	1.674	23,9	1.285	21,9	7.018	1.148	5.870
Maranhão	572	8,1	303	4,6	988	14,0	747	11,3	7.075	473	6.602
Mato Grosso	588	16,9	198	6,8	1.312	37,7	920	31,7	3.484	585	2.900
Mato Grosso do Sul	352	12,7	189	8,6	866	31,2	636	29,0	2.779	589	2.190
Minas Gerais	3.074	14,5	2.013	12,5	5.976	28,2	4.451	27,6	21.169	5.055	16.114
Pará	626	7,3	348	4,4	1.297	15,1	1.013	12,9	8.603	777	7.826
Paraíba	454	11,3	290	8,0	828	20,6	722	20,0	4.018	411	3.607
Paraná	1.992	17,4	1.218	14,2	3.543	31,0	2.615	30,5	11.434	2.851	8.583
Pernambuco	1.382	14,5	746	9,1	2.677	28,0	2.077	25,3	9.557	1.342	8.215
Piauí	227	6,9	140	4,7	437	13,4	375	12,7	3.273	322	2.951
Rio de Janeiro	3.786	21,9	1.175	9,9	6.731	39,0	4.290	36,0	17.265	5.344	11.921
Rio Grande do Norte	410	11,7	201	6,7	728	20,8	635	21,2	3.507	505	3.002
Rio Grande do Sul	1.603	14,1	985	11,1	3.233	28,4	2.610	29,5	11.377	2.538	8.839
Rondônia	231	13,0	159	9,8	444	25,0	367	22,5	1.777	149	1.628
Roraima	25	4,1	17	2,9	106	17,5	97	16,8	606	28	578
Santa Catarina	843	11,8	533	9,4	2.039	28,5	1.553	27,2	7.165	1.465	5.700
São Paulo	8.256	18,0	3.516	12,2	17.693	38,5	11.305	39,3	45.919	17.144	28.775
Sergipe	241	10,5	146	7,4	487	21,2	431	21,7	2.299	316	1.983
Tocantins	125	7,9	73	5,0	306	19,5	249	17,0	1.573	106	1.467
Brasil	30.394	14,5	14.873	9,1	61.219	29,1	43.579	26,7	210.147	46.988	163.159

Fonte: MS (2020e). ANS
Elaboração própria

Importante dizer ainda que os leitos de UTI e os respiradores concentram-se nas capitais dos estados, de modo que, em alguns, onde a mobilidade apresenta problemas, tal como no Amazonas, essa situação é um agravante. Esse Estado foi um dos que mais sofreram no início da pandemia, chegando a ver seu sistema de saúde colapsar,[4] pois não havia se preparado para fazer frente à Covid-19. De acordo com o Instituto de Estudos para Políticas de Saúde (IEPS, 2020), dos 271 leitos disponíveis neste estado, todos estavam em Manaus. No caso dos 681 respiradores, 95% deles estavam na capital. Esses números ajudam a explicar a alta taxa de mortalidade por milhão de habitantes que o Amazonas apresentou em abril. Em entrevista no dia 21 de abril, o prefeito Arthur Virgílio (PSDB) caiu em lágrimas ao relatar a situação calamitosa da cidade e do estado. Nessa oportunidade, também fez críticas ao presidente Jair Bolsonaro, pedindo para que o Ministério da Saúde gastasse mais no combate à pandemia e se manifestando contra seus discursos em defesa da abertura da economia. Na segunda onda da Covid-19 e com o surgimento de nova cepa do coronavírus, o Amazonas se viu em situação pior do que a de abril de 2020.

O IBGE, em Nota Técnica de maio, destacou que havia regiões,[5] no país, de busca de serviços de saúde de baixa e média complexidade com população superior a 500 mil habitantes e com baixa relação respiradores/população. Esse é o caso de Santarém, no Pará; e Arapiraca, em Alagoas, com 7,5 respiradores e 7,6 respiradores por 100 mil habitantes, respectivamente. Em um caso extremo, Governador Nunes Freire, no Maranhão, com população bem menor, com 149.147 habitantes, não conta com nenhum equipamento (IBGE,

---

[4] As regiões Norte (à qual pertence o estado do Amazonas) e Nordeste do país foram as mais afetadas no início da pandemia, além dos estados de São Paulo e Rio de Janeiro. Isso porque a Síndrome Aguda Respiratória (SARG), da qual a Covid-19 faz parte, ocorre nessas regiões nos primeiros meses do ano.

[5] Constituem-se de municípios ou concentrações urbanas para os quais populações se deslocam em busca de serviços de saúde de atenção básica e de média complexidade (IBGE, 2020c).

2020a). Essa instituição também informou que, como pode ser visto na Tabela 3.4, as dez regiões com mais de 200 mil habitantes que apresentam as piores proporções entre número de respiradores e população assistida estão situadas na região Nordeste do país.

Tabela 3.4 – Relação das regiões de busca a serviços de saúde de baixa e média complexidade, com população superior a 200 mil habitantes, com as menores disponibilidades de respiradores por 100 mil habitantes, em janeiro de 2020

Região de busca a serviços de saúde de baixa e média complexidade	Estados de abrangência	População total	Respiradores a cada 100 mil habitantes
Bacabal	Maranhão	246.568	1,62
Canindé	Ceará	207.272	1,93
Russas	Ceará	200.370	1,99
Pinheiro	Maranhão	319.891	2,80
Arranjo Populacional de Picos/PI	Piauí e Ceará	353.600	2,82
Valença	Bahia	267.928	2,97
Itabaiana	Sergipe	247.011	3,21
Chapadinha	Maranhão	230.423	3,44
Arcoverde	Pernambuco	345.167	3,45
Itapipoca	Ceará	298.021	3,66
Limoeiro do Norte	Ceará	226.975	3,96

Fonte: IBGE, 2020b, p. 12.

As informações disponíveis sobre a disponibilidade de leitos de UTIs e de respiradores, bem como sua distribuição, permitem afirmar que o país estava despreparado para fazer frente à necessidade imposta pela pandemia. O próprio Ministério da Saúde, ainda sob a gestão do ministro Luiz Henrique Mandetta, assim afirmava:

> Há carência de profissionais de saúde capacitados para o manejo de equipamentos de ventilação mecânica, fisioterapia respiratória e cuidados avançados de enfermagem direcionados para o manejo clínico de pacientes graves de Covid-19 e profissionais treinados na atenção primária para o manejo clínico de casos leves de Síndrome Gripal. Os leitos de UTI e de internação não estão devidamente estruturados e nem em número suficiente para a fase mais aguda da pandemia. (MS, 2020c, p. 13)

Como vimos, à desigualdade social e de território, somou-se a desigualdade da condição de saúde e de acesso aos serviços de saúde. A tragédia que ocorreu em Manaus em janeiro de 2021 revela, além da inépcia das autoridades sanitárias, a desigualdade existente no país. Em uma pandemia, os diferentes fatores que a determinam são potencializados e revelam sua máxima capacidade de atuar contra a vida dos segmentos mais fragilizados da população.

CAPÍTULO 4
A saúde pública ressignificada

O ano de 2020 mostrou, entre outras coisas, que vivemos num mundo pandêmico e que o custo de uma pandemia poder ser avassalador. Em termos de vida, desde logo, mas também em termos econômicos. Como mencionado no capítulo 1 deste livro, a queda do PIB mundial é a maior da história do capitalismo desde os anos 1930, se excluirmos os efeitos da Segunda Guerra Mundial. Milhões de empregos foram perdidos e milhões de pessoas foram jogadas à pobreza absoluta. Do ponto de vista do capital, houve perda de oportunidades e redução do lucro. O capital, a partir de seus representantes, não pode permitir que essa tragédia humana e dos "negócios" se repita ou, pelo menos, que não se repita com a mesma intensidade.

Nos meses iniciais da pandemia e no começo da vacinação de alguns países, revelou-se a inadequação de certas atividades produtivas (de equipamentos e insumos da área da saúde, que são concentradas em alguns poucos países), de modo que governos se viram sem condições de prover sua rede sanitária no tempo e na quantidade devida. Sem deixar de considerar problemas advindos de falta de coordenação nacional e mesmo de logística por parte das autoridades sanitárias, como ocorreu no Brasil, a especialização da produção resultante da mundialização do capital ensinou, pelo menos para alguns governos, que é necessário o Estado retomar para sua responsabilidade parte das atividades de saúde. Isso em nome da soberania nacional e da exigência da manutenção da coesão social. A antiga discussão sobre a oposição entre direito universal e meritocracia no campo da saúde torna-se, agora, mais complexa, posto que a saúde pública é, pelo menos em parte, ressignificada pela realidade pandêmica.

A saúde como um direito universal

Foi um longo processo até que a saúde constituísse objeto da ação do Estado e levou ainda mais tempo para que ela fosse entendida como um direito de todos. Esse processo confunde-se particularmente com o desenvolvimento do capitalismo no século XX e com a organização dos trabalhadores em sindicatos e partidos próprios. O preceito de que a saúde é um direito de todos e um dever do Estado, tal como está escrito na Constituição Brasileira em seu artigo 196, não foi incorporado em todos os países, nem ocorreu de forma homogênea naqueles que o fizeram.

Até o século XVIII, o próprio desenvolvimento da medicina era incipiente e os cuidados com a saúde, entendidos como os cuidados propiciados por médicos, ocorriam mediante três mecanismos: a população pobre era atendida em hospitais e hospícios, em geral administrados por organização religiosa; a população em geral, na imensa maioria rural, contava com os cuidados derivados do saber da comunidade local; e os mais ricos eram atendidos por médicos particulares, mediante pagamento.

Já no século XIX, os problemas associados às condições de higiene das fábricas e das cidades, adensadas de forma desorganizada com a industrialização e a crescente expulsão da população do campo, impôs o surgimento das primeiras políticas sanitárias desenvolvidas pelas autoridades públicas. Essas acabaram por ser institucionalizadas e tinham em vista tanto o combate e/ou prevenção das doenças transmissíveis, principalmente surtos de cólera e febre tifoide, como as condições de moradia e de locais de trabalho. Os relatórios e documentos oficiais produzidos pelos fiscais do trabalho da Inglaterra são ricos em detalhar as condições a que os assalariados fabris estavam submetidos à época. Engels e Marx trazem à luz do dia várias das situações descritas nesses relatórios, tanto em *A situação da classe trabalhadora da Inglaterra* como em *O capital*. É nesse século, também, que a profissão médica é regulamentada. Em resumo, as políticas públicas de saúde desse período eram higienistas e assistencialistas, tendo o Estado ampliado a rede de hospitais voltada ao atendimento dos pobres.

Do lado dos trabalhadores, que haviam perdido suas antigas redes de proteção associadas a suas comunidades rurais, começam a ser organizadas associações de ajuda mútua com o objetivo de financiar os custos derivados dos riscos associados à industrialização, tais como acidente de trabalho e doença, mas também velhice e mesmo morte. Nessa última situação, tratava-se de providenciar e financiar o enterro, dado que não havia, num primeiro momento, serviço público e gratuito para esse fim. Paralelo a essas iniciativas, alguns capitalistas trataram de prover um certo nível de proteção social a seus trabalhadores, cuidando dos doentes, fornecendo moradia (ao construir casas ao lado dos estabelecimentos) e mesmo escola às crianças. A literatura é farta em relatar essas experiências. Em "Como a burguesia resolve o problema da habitação", Engels afirma que a preocupação dos capitalistas com a moradia dos trabalhadores está relacionada à saúde dos operários, na medida em que as más condições de higiene nas habitações ocasionariam doenças que poderiam se transformar em epidemias, contagiando a própria burguesia e outros trabalhadores, o que atrapalharia o processo produtivo.

A exceção à regra é encontrada na Alemanha, que, em 1883, aprovou a Lei do Seguro-Saúde dos Operários. Esta lei versava sobre o financiamento do acesso aos cuidados à saúde, incluindo o "auxílio-doença", que garantia o recebimento do salário (inicialmente, de até ½ salário, depois ampliado para até sua integralidade) durante o período de afastamento por doença. O financiamento era baseado em contribuições sociais, equivalentes a 3% do salário, pagas pelos trabalhadores (⅔) e empregadores (⅓), com gestão realizada por Caixas.[1] A adesão era obrigatória a todos os operários que obtivessem uma renda anual de até 2.000 marcos

---

[1] As Caixas são organizações geridas por representantes dos trabalhadores e empregadores, organizadas inicialmente por categoria profissional.

alemães, com a vinculação às Caixas organizadas por profissão e localidade de trabalho.

A institucionalização da organização da cobertura do risco doença dos operários alemães não está dissociada da preocupação em garantir a cobertura de outros riscos. Como podemos ver no Quadro 4.1, no mesmo ano é considerado o risco maternidade, um ano depois o acidente de trabalho e, seis anos depois, os riscos velhice, invalidez e morte. A ação das associações mútuas dos trabalhadores também ia nesse sentido, buscando dar apoio aos trabalhadores diante dos riscos a que estariam sujeitos durante a vida.

A exceção da Alemanha no cenário europeu do século XIX não ocorreu por acaso. Deveu-se à combinação de alguns fatores importantes. Entre eles, destacam-se o fato de sua industrialização ter sido tardia e, quando ocorreu, foi de maneira rápida, incorporando o que de mais moderno havia em termos de técnica, de modo a registrar em pouco tempo estabelecimentos fabris de porte significativo. Seu operariado, por sua vez, é o primeiro a se organizar em partido (1875), quatro anos após a experiência da Comuna de Paris ter sido derrotada. O Quadro 4.1 permite comparar a data da fundação dos sindicatos e dos partidos dos trabalhadores com o ano de aprovação das leis referentes aos riscos sociais, indicando a importância da organização independente dos trabalhadores na primeira fase da formação da proteção social.

O século XX constitui um marco na história da construção da proteção social europeia, com reflexos em vários outros países fora da região. As condições peculiares do imediato pós-Segunda Guerra Mundial, de natureza política, social e econômica, tal como mencionado no capítulo 2 deste livro, deram sustentação à criação e ao desenvolvimento daquilo que ficou chamado de *Welfare State*. É nesse momento que, no campo da saúde, começaram a ser constituídos verdadeiros sistemas públicos de saúde. Embora todos esses sistemas apresentassem entre si elementos semelhantes quanto à organização, à atribuição de instituições por atividades, à rede de serviços e ao tipo de financiamento, a história do país e a relação do Estado com a sociedade conferiram traços próprios a cada um deles (Lobato; Giovanella, 2012).

Quadro 4.1 – Ano de criação dos partidos socialistas, dos sindicatos e das primeiras leis de cobertura dos principais riscos sociais para países selecionados

País	Sindi-cato	Par-tido	Riscos					
			Ve-lhice	Inva-lidez	Morte	Doença	Maternidade	Acidente de trabalho
Reino Unido	1867	1900	1908	1911	1925	1911	1911	1887
Alemanha	1868	1875	1889	1889	1899	1883	1883	1884
França	1895	1905	1910	–	–	1928	1928	1898
Suécia	1898	1889	1932	1932	1932	1891/1931	1891/1931	1901
Itália	1906	1892	1919	1919	1919	1924/43	1912	1898
Espanha	1910	1879	1919	1919	1919	1942	1929	1932
EUA	1876	1901	1935	1935	1935	1965	nd	1908

Fontes: Security Programs Throughout the World (1990), Navarro (1991), Zinn (2002) e Enzensberger (1987). Adaptado de Marques, 1997.

Na Europa ocidental, dois tipos de modelos institucionais se desenvolveram no período aberto pós-Segunda Guerra Mundial: o institucional – redistributivo ou social-democrata, cujo exemplo maior é o *National Health Service* inglês – e o corporativista ou meritocrático, associado fortemente à Alemanha e França. Desde seu início, o modelo social-democrata teve como fundamento o princípio da cidadania, de modo que garantia (garante) o acesso universal à saúde, independentemente das condições financeiras de cada um. É organizado pelo Estado e financiado por impostos, em geral progressivos. Além da Inglaterra, países como Suécia, Dinamarca, Finlândia, Grécia, Espanha, Itália e Portugal também têm sistemas públicos de saúde semelhantes. Contudo, a adesão desses três últimos países a esse tipo de sistema de saúde é mais recente. A Itália faz sua reforma em 1978 (antes o sistema era corporativo), como resultado de um amplo movimento de reforma sanitária. A reforma italiana foi grande influenciadora do processo que culminou, no Brasil, na criação do Sistema Único de Saúde (SUS). Da mesma maneira, a passagem do sistema corporativo para o universal, realizada em Portugal e na Espanha, em 1980, inscreve-se no processo aberto pela democratização dos países, com a Revolução dos Cravos e a morte de Franco.

O modelo corporativista ou meritocrático tem como princípio orientador a proteção ao trabalhador e à sua família. Seu financiamento é fundado em contribuições sociais realizadas pelos trabalhadores e empregadores e o sistema pode estar organizado em Caixas de Saúde;[2] ou, como é o caso da França, em uma única Caixa. Além de Alemanha e França, também a Áustria, a Holanda e a Bélgica são países que adotaram esse modelo.

Desde a crise de meados dos anos 1970, a fronteira entre esses dois modelos de sistemas públicos de saúde começou a se embaralhar, particularmente devido à ampliação da cobertura para segmentos não contribuintes do sistema corporativista e pela entrada de impostos como reforço a seu financiamento. A nova realidade do mercado de trabalho (bem diferente dos 30 anos gloriosos), na qual a existência de significativo contingente de desempregados passou a fazer parte da realidade dos países, bem como a crescente precarização das relações salariais, certamente foram fatores decisivos na ampliação da cobertura das ações e dos serviços de saúde para além do critério meritocrático. Evidentemente que, com o neoliberalismo, a pressão sobre esses sistemas se fez muito forte, mas embora tenham sido incorporados alguns mecanismos que podemos dizer que têm como origem a experiência privada (aumento da participação do usuário no

---

[2] As caixas de saúde concedem assistência médica de acordo com sua capacidade financeira, o que cria segmentação e diferenciação dos cuidados. Historicamente, surgiram na Alemanha de Bismarck. Por isso, o modelo de saúde corporativista ou meritocrático é também conhecido como modelo bismarckiano.

financiamento – "ticket moderador" – como forma de inibir a demanda considerada demasiada em alguns casos; a instituição de orçamento rígido, entre outros), os sistemas continuam públicos nos países aqui citados.

É importante destacarmos os fundamentos e as implicações do entendimento de ser a saúde um direito de todos, decorrente da cidadania e, portanto, um dever do Estado. Podemos dizer que a base primeira dessa compreensão está associada à Declaração dos Direitos Humanos, aprovada em 1948, na Assembleia Geral da Organização das Nações Unidas (ONU). Em dezembro de 1966, essa Assembleia aprovou a Resolução 2.200-A (XXI), alçando os direitos sociais ao nível de direitos humanos.[3]

Os direitos humanos, também chamados de fundamentais, são inalienáveis, isto é, são direitos intransferíveis e inegociáveis; imprescritíveis, de modo que não deixam de ser exigíveis em razão do não uso; irrenunciáveis, pois nenhum ser humano pode abrir mão da existência desses direitos; e universais, aplicados a todo ser humano independentemente de cor, raça, gênero, religião e orientação política. Os direitos sociais, integrantes dos direitos fundamentais, fazem parte daquilo que é chamado na literatura de "direitos de segunda geração".

Ao contrário dos direitos de "primeira geração", não estão centrados no indivíduo e sim no coletivo. Os direitos de primeira geração, que compreendem os direitos individuais, foram construídos ao longo dos séculos XVII e XVIII, e tratam dos direitos da pessoa humana em relação ao Estado. Compreendem direitos civis e políticos inerentes ao ser humano e opostos ao Estado (na época, visto como grande opressor das liberdades individuais; ainda hoje, assim entendido por alguns grupos, com destaque para alguns situados nos Estados Unidos). Incluem o direito à vida, à segurança, à justiça, à propriedade privada, à liberdade de pensamento, ao voto, à expressão, à crença, à locomoção (direito

---

[3] O Brasil ratificou essa resolução em 24/01/1992.

de ir e vir), entre outros. Os direitos de segunda geração não estão mais baseados no indivíduo e determinam que o Estado faça prestação positiva em benefício da pessoa que necessite desses direitos. Estão intrinsecamente ligados à assistência social, à educação, à saúde, à cultura, ao trabalho, entre outros (Machado e Mateus, 2010).[4]

Dessa forma, o direito ao acesso aos cuidados com a saúde pode ser entendido como derivado do fato de sermos humanos. E a única instituição capaz de garantir esse acesso é o Estado, que o faria sem considerar condições de renda, cor, gênero, religião, entre outros quesitos. Assim, teríamos, na saúde, o amalgama do direito à saúde, aplicado a todos, com o dever do Estado de fornecê-lo. O direito e o dever são, na saúde, inseparáveis.

O reconhecimento do acesso às ações e aos serviços de saúde fazem parte, portanto, do avanço de políticas sociais que associamos aos trinta anos que se seguiram ao fim da Segunda Guerra Mundial. Como vimos, a superação do modelo corporativo para o universal (social-democrata) ocorreu em momentos diferentes nos países. No Brasil, o corolário desse processo foi a Constituição de 1988.

O setor privado e a saúde

Durante o período mencionado anteriormente, no qual o direito universal à saúde se moldou e os sistemas universais se desenvolveram, não esteve ausente a presença de seus críticos, que defendiam que a presença do Estado na garantia do acesso à saúde deveria ser concentrada nas faixas de renda mais baixas da população, especialmente naquelas onde a pobreza se fizesse presente. Essa visão ganha força quando da crise de meados

---

[4] Há, ainda, os direitos de terceira (direitos coletivos, tais como o direito ao meio ambiente, à autodeterminação dos povos, entre outros, que, de certa forma, fazem uma síntese entre as duas gerações de direitos precedentes) e as da quarta geração, associados a minorias.

dos anos 1970, momento em que a arrecadação tributária se reduziu e os gastos sociais aumentaram por força do desemprego expressivo. A seguir, com o crescente domínio do pensamento neoliberal – e seu consequente processo de desregulamentação da economia e de questionamento do papel a ser exercido pelo Estado – essa posição ganha ainda mais força e passa a ser defendida pelos organismos internacionais, tais como Fundo Monetário Internacional (FMI) e Banco Mundial (BM).

Na batalha de ideias que se travou (a ainda se trava) entre os que consideram que o Estado deve apenas garantir o acesso às ações e aos serviços de saúde da população mais pobre de um país e aqueles que defendem o direito como universal, os primeiros fundamentavam (fundamentam) seu argumento no aumento do gasto em saúde, como proporção do PIB ao longo dos anos, comportamento que pode ser visto na Tabela 4.1 para alguns países selecionados.

Tabela 4.1 – Evolução dos gastos públicos em saúde como proporção do PIB, em alguns países (%)

País	1960	1965	1970	1975	1980	1990	2000
Alemanha	3,2	3,6	4,2	6,6	6,5	5,8	8,3
Canadá	2,4	3,1	5,1	5,7	5,4	6,8	6,2
Espanha	nd	1,4	2,3	3,6	4,3	5,2	5,2
Estados Unidos	1,3	1,6	2,8	3,7	4,1	5,6	5,8
França	2,5	3,6	4,3	5,5	6,1	6,6	8,0
Itália	3,2	4,1	4,8	5,8	6,0	5,8	5,9
Japão	1,8	2,7	3,0	4,0	4,6	4,8	6,1
Países Baixos	1,3	3,0	5,1	5,9	6,5	5,7	5,0
Reino Unido	3,0	3,4	4,5	4,3	5,6	8,2	8,0
Suécia	3,4	4,5	6,2	7,2	8,8	7,9	6,9

Fonte: OECD (1985; 2020); BM (1993); OMS (2014).

Na literatura especializada, o crescimento do gasto em saúde deve-se principalmente aos seguintes fatores: a extensão e a melhoria da cobertura que ocorreu especialmente no período chamado de Estado do Bem-Estar Social, a maior exigência do usuário, o envelhecimento da população, a alta de preços de bens e serviços, e a introdução e desenvolvimento de técnicas mais sofisticadas na prática da assistência à saúde.[5]

A extensão da cobertura foi resultado da universalização do acesso à saúde, o que se traduziu na incorporação de novos segmentos populacionais, inclusive daqueles que não contribuíam, no caso de o sistema ter como base de financiamento as contribuições sociais. Já a melhoria da qualidade de cobertura foi produzida pela crescente diversificação e complexidade que assumiu a oferta pública de serviços médico-sanitários. Esses, ao longo dos anos e em alguns países, passaram a contemplar assistência odontológica, psicanalítica e terapias de alto custo. Esse aspecto expressa a concretude do avanço da concepção de integralidade das ações e de serviços de saúde pública num ambiente de franco desenvolvimento das técnicas da medicina.

Como sabido, o envelhecimento da estrutura etária da população, provocado pela queda da fecundidade e da mortalidade, teve impacto direto nos gastos com saúde. A população idosa tende a ter doenças crônicas, as quais exigem tratamentos prolongados e, não raras vezes, caros. Sendo assim, a curva de custos em saúde por idade tem a forma de um jota. No nascimento e nos primeiros anos de vida são mais altos, decrescem ao longo da infância e adolescência, passam a crescer com a maturidade e aumentam exponencialmente na velhice. De forma que o custo com saúde para pessoas maiores de 65 anos é três vezes maior do que os cuidados exigidos pela população entre 14 e 64 anos. Para os de mais de 75 anos, o custo é cinco vezes mais elevado (Unicamp, 1985; Medici e Marques, 1996).

A maior exigência do usuário, apontada como um dos fatores do aumento do gasto com saúde no período do Estado do bem-estar social, é explicada como resultado da própria melhoria

---

[5] A parte descritiva dos fatores que atuam sobre o aumento do gasto em saúde é uma versão modificada de parte do capítulo 2 de Marques (1997).

do nível de vida das pessoas. De fato, a expansão da saúde ocorreu num período que se caracterizou por aumentos do salário real, melhoria da distribuição da renda e democratização do acesso a informações e bens de consumo. É provável que isso tenha incentivado as pessoas e suas organizações a exigirem acesso a tratamentos mais modernos. No período subsequente, isto é, que é chamado de predominância do neoliberalismo, mesmo com a mudança da política salarial – que de aumento real passou à diminuição do salário médio da maioria dos trabalhadores –, os setores de renda mais alta da população seguiram pressionando pela incorporação das tecnologias de ponta na assistência à saúde.

Além disso, está mais do que comprovado que a incorporação de novas técnicas de tratamento ou de diagnóstico, bem como a prescrição de medicação cara, são em grande medida altamente definidas pelo corpo de trabalhadores da área da saúde, principalmente pelos médicos. Esse tipo de pressão pode resultar na incorporação de equipamentos sofisticados sem que tenha havido qualquer estudo da necessidade da demanda ou do custo-benefício de sua adoção. É preciso mencionar, ainda, que junto com a adoção de novas técnicas e equipamentos surgem novas especialidades. A incorporação do progresso técnico em saúde, como novas formas de diagnóstico, terapia baseada em equipamentos e medicamentos sofisticados, diferentemente do que ocorre em outros setores, não substitui o trabalho por capital. Ao contrário, aumenta a necessidade de mão de obra cada vez mais complexa e especializada. Uma nova tecnologia de imagem, como *scanners* ou ressonância magnética, além de incorporar seu custo ao tratamento, determina o uso de operadores e médicos especializados na interpretação dos exames produzidos pela nova tecnologia.

A alta de preços de bens e serviços, muitas vezes a taxas maiores do que em outros setores, reflete a inexistência de escolha por parte do usuário e do setor público no tratamento a ser realizado. Isso porque a saúde é um setor único, no qual a demanda é altamente determinada pelos médicos, pelos atendentes, entre outros profissionais da área. Daí deriva que sua estrutura de custos também é definida por esses "atores". Na melhor das hipóteses, o profissional tenderá a utilizar os recursos de última geração, na esperança de precisar seu diagnóstico e o tratamento a ser seguido. Ocorre que toda tecnologia de ponta é, por definição, cara, pois exigiu anos de pesquisa e desenvolvimento que precisam ser amortizados e por apresentar um mercado produtor extremamente oligopolizado. Ademais, deveria ser considerado o papel da indústria de medicamentos no custo crescente dos cuidados com a saúde. Seu elevado grau de oligopólio e de controle sobre a tecnologia, via detenção de patentes, que são "renovadas" a partir de pequenas alterações nas fórmulas dos medicamentos, é, sem sombra de dúvida, um elemento que eleva o gasto com saúde. A produção de genéricos e a luta pela quebra das patentes constituem uma tentativa de fazer frente a esse monopólio.

A partir do reconhecimento desses fatores como causadores do aumento do gasto com saúde, diferentes vozes passaram a defender que o Estado se ocupasse exclusivamente dos setores mais pobres da população, deixando o restante da população resolver o acesso mediante sua renda, particularmente via filiação a planos e seguros de saúde. Para se entender o ambiente em que essa consideração começou a ser feita é preciso se considerar que, paralelo a isso, era questionada, de forma geral, a eficiência do Estado. Em outras palavras, dada a inevitabilidade do aumento do gasto em saúde, se faria necessário usar todos os recursos para garantir a eficiência do gasto e, segundo os neoliberais, o serviço público seria intrinsicamente avesso à implantação de controles e de processos avaliativos das políticas, programas e procedimentos. Esse aspecto já foi abordado no capítulo 2 deste livro.

Em 1993, o Banco Mundial, em sua a primeira manifestação a respeito da saúde, dedicou seu relatório anual a analisar e propor reformas especialmente para os "países em desenvolvimento", destacando a má alocação de recursos, o privilegiamento dos mais favorecidos, a ineficiência e os elevados custos. Entre as medidas por ele sugeridas, destacam-se: redirecionamento dos gastos para programas mais eficazes, de menores custos (leia-se assistência básica) e focalizados nos pobres; diversificação e concorrência no financiamento e prestação dos serviços de saúde (isto é, a ênfase no setor privado). De fato, o documento de 1993 (que estava completamente em consonância com as diretrizes e recomendações do Consenso de Washington) considerava que a ação do Estado em matéria de saúde era residual ou complementar ao privado, voltada à população pobre e a ações de menor custo e maior eficácia. Caberia ao Estado atuar em seis áreas: 1) serviços de saúde (imunização, tratamento em massa para verminoses, triagem em massa de doenças como câncer uterino e tuberculose); 2) nutrição (educação nutricional, suplementação e reforço alimentar); 3) fecundidade (serviços de planejamento familiar, aborto sem risco); 4) tabaco e outras drogas (programas para redução do consumo de tabaco e álcool); 5) meio ambiente familiar e externo (ação reguladora, controle de vetores e poluição, saneamento, políticas públicas de aumento de renda e de instrução para melhorar o ambiente doméstico); 6) Aids (prevenção).

Nessas áreas, as intervenções prioritárias seriam: 1) assistência à gestante (atendimento pré-natal, no parto e no pós-parto); 2) serviços de planejamento familiar; 3) controle da tuberculose; 4) controle das doenças sexualmente transmissíveis (DST); 5) atendimento a doenças graves comuns em crianças pequenas – doenças diarreicas, infecções respiratórias agudas, sarampo, malária e desnutrição aguda (Banco Mundial, 1993).

No caso específico do Brasil, antes mesmo do relatório mundial de 1993, o BM já havia produzido um documento de nome "Brasil: novo desafio à saúde do adulto", publicado em 1991. Tratava-se de um diagnóstico do sistema de saúde brasileiro que ia completamente de encontro ao que havia sido introduzido na Constituição de 1988. Nas palavras do documento: "as realidades fiscais colidem com os sonhos de despesa alimentados pelo processo de democratização e pela Constituição de 1988" (Banco Mundial, 1991, p. 20). Nesta parte, é claramente explicitada a relação entre política social e metas macroeconômicas, na qual o gasto em saúde fica subordinado ao desempenho fiscal com vista à redução do déficit público e à facilitação do pagamento da dívida externa. E para estar de acordo com "as realidades fiscais", o SUS deveria "orientar-se especificamente para os pobres" (BM, 1991, p. 7).

Ao primeiro relatório anual do BM, seguem-se vários outros, que são facilmente localizados em seu site. Neles, a posição não mudou. Trata-se de garantir a universalidade do acesso à saúde mediante a soma da ação do setor público dirigida aos mais pobres, com ênfase na atenção básica, com a ação privada, via planos e seguros de saúde ou de pagamento direto do usuário.

A ressignificação da saúde pública

Uma das discussões que se abriu como resultado da pandemia de Covid-19 foi o lugar que deve ser reservado à saúde pública no contexto do capitalismo contemporâneo. O ponto de partida é o reconhecimento de que o capitalismo atual ocorre em escala global, não existindo praticamente país em que suas determinações não estejam presentes de forma dominante; e de existirem inúmeras interconexões entre os países em todos os planos da atividade humana, das quais as cadeias globais de valor constituem apenas um aspecto. Dessa maneira, é cada vez mais rara a possibilidade de um evento econômico, social e sanitário ficar restrito a seu lugar de origem. O último evento, o da Covid-19, precisou de pouco tempo para espalhar o novo coronavírus no mundo e para levar a economia mundial à profunda recessão, jogando milhões de pessoas no desemprego e na pobreza.

Está fora de cogitação que o capitalismo, recuperado da pandemia, venha registrar um retrocesso no tocante à "globalização" e à interdependência entre os países e empresas. A expansão do capital, observada nas últimas décadas, é decorrência da exigência de seu próprio processo de acumulação. Isso não quer dizer que não seja possível haver um retrocesso, mas, para isso acontecer, seria necessária uma profunda destruição das relações econômicas e sociais, o que não é o caso, por pior que tenha sido o ano de 2020. Seria necessária a ocorrência de um verdadeiro cataclisma mundial ou de um longuíssimo e ininterrupto processo de entropia das relações capitalistas. Políticas protecionistas e endurecimento com relação aos imigrantes, que são apontados por alguns como sinal do enfraquecimento da globalização, seriam apenas dois entre vários outros aspectos de um mundo "fechado" e, provavelmente, não os principais.

Além da persistência da "globalização", não está descartada, em hipótese nenhuma, a possibilidade de termos que vivenciar novas pandemias semelhantes no futuro, com essa mesma taxa de contágio ou até pior. Desde os anos 1990, virologistas e outros especialistas alertavam que estavam se reunindo no mundo condições que poderiam favorecer a entrada de patógenos potencialmente devastadores em nossas sociedades. Entre essas condições, destacavam: a mudança climática; a crescente proximidade entre humanos e animais selvagens (dada a ampliação da fronteira agrícola sem nenhum cuidado, que destrói as barreiras ecológicas que permitiriam a dispersão de patógenos e, assim, aumentando a interface com vetores de sua transmissão); a urbanização sem controle, gerando interface com o ambiente rural; a mudança demográfica; a globalização e o aumento impressionante da quantidade de viagens internacionais. É claro que essas duas últimas condições constituiriam, a rigor, o que favoreceria a rápida disseminação do patógeno.

Entre os especialistas, há quem conceda principalidade a um dos fatores, tal como Rob Wallace (2020), que considera que os vírus recentes, incluindo-se aqui a Covid-19, tem como origem o avanço mais intenso do agronegócio nos sistemas naturais, mais especificamente relacionada à atividade da pecuária, criando brechas nos ecossistemas e entre as espécies. Talvez, contudo, o mais prudente seja considerar que a probabilidade de enfrentarmos um novo patógeno devastador é dada pelo conjunto das condições, as quais foram criadas pelo próprio homem sob o capitalismo ou que são resultado da própria ação humana em sua constante busca por produzir cada vez mais. Além disso, o capitalismo busca ocupar territórios virgens ou selvagens ainda disponíveis no planeta, sem se preocupar com que tipo de relação está estabelecendo entre a natureza e a sociedade que se estrutura com base nos princípios da reprodução ampliada do capital.

A pandemia de Covid-19 custou caro para os "negócios". Além dos óbitos que provocou, paralisou as atividades econômicas e, por isso, afetou o lucro e a reprodução do capital. Esse não pode ficar ao sabor das determinações e consequências de novas pandemias do tipo da Covid-19. Como é improvável que, no curto prazo, as condições que resultaram na exposição a pandemias sofram mudanças e, se algo mudar, não será significativo, é preciso que os países estejam preparados para fazer frente a ela ou para, pelo menos, reduzir seu impacto. As pandemias, sob a mundialização do capital, tornaram-se questão de soberania nacional e de coesão social.[6]

Em 31 de março de 2020, o presidente da França, Emmanuel Macron, ao visitar as instalações da empresa Kolmi-Hopen, especializada na fabricação de equipamentos médicos e cirúrgicos, usou a seguinte expressão em sua fala oficial: "Reconstruir nossa soberania nacional e europeia; é necessário produzir mais em nosso solo" (En Marche, 2020). Depois de detalhar as iniciativas que foram realizadas no início da pandemia, entre as quais se destacam a importação de equipamentos de proteção individual (EPIs) da China e a produção de respiradores a partir de um con-

---

[6] Para Durkheim (1973), a coesão social se estabelece pela ação cooperada que se desenvolve a partir da existência de um quadro normativo e um sistema de crenças e valores compartilhados pelos indivíduos de uma comunidade. Para o autor, todo lugar em que se forma um grupo, forma-se também uma disciplina moral que rege as relações ali estabelecidas.

sórcio francês, destacou que a prioridade é aumentar e produzir nacionalmente os equipamentos e medicamentos necessários para a saúde da população. Já a chanceler federal alemã, Angela Merkel, em 5 de setembro de 2020, anunciou a injeção de quatro bilhões de euros (até o final de 2026) no fortalecimento da saúde pública, com o objetivo de contratar 5 mil postos de trabalho para médicos, especialistas e profissionais administrativos do serviço público de saúde, e para investir também na digitalização de todo o sistema (DW, 2020).

Esses dois exemplos, distantes no tempo por alguns meses, mostram como a pandemia recolocou a saúde no centro da preocupação governamental de alguns países. A experiência vivida em 2020 mostrou que a especialização ocorrida com a produção de equipamentos de saúde na China, fruto do processo de mundialização do capital, tornou as nações, no todo ou na parte, dependente da pronta resposta desse país quando do aumento abrupto da demanda. Os países que não tinham desmontado totalmente sua indústria de equipamentos médicos no período anterior saíram-se melhor do que os outros no enfrentamento da pandemia. A hipótese que estamos defendendo é que manter no território nacional a produção desses equipamentos é uma questão estratégica, que diz respeito à soberania nacional.

É mais difícil que os países se contraponham ao grau de oligopolização da indústria de medicamentos, à política de patentes e à especialização dos princípios ativos de medicamentos, cuja produção é altamente concentrada na Índia. Em um mundo "globalizado" e em momentos de pandemia, torna-se evidente que a tecnologia associada à produção desse ou daquele medicamento (especialmente de vacinas) não pode ser apropriada de forma privada, devendo estar disponível para o conjunto da humanidade. O direito à vida, a que todos em tese temos, faz do acesso à saúde um direito inconteste, o que implica na disponibilização de recursos materiais e humanos para sua concretude. Nacionalizar (palavra não mais usada atualmente) ou estatizar a indústria de medicamentos é uma necessidade crescente, mas insuficiente. Essa ação, que resultaria numa ruptura com relação à estratégia hoje adotada pelas empresas na pesquisa e no desenvolvimento de novos medicamentos, por exemplo, precisaria ser completada por uma coordenação orquestrada no plano mundial. Uma estatização, considerando os governos existentes e a correlação de forças entre as classes, está descartada. Já seria um grande avanço se os Estados promovessem uma regulação estreita dessa indústria, inclusive fazendo frente a sua oligopolização.

Estudos de organismos internacionais como a Organização das Nações Unidas (ONU), Organização Mundial da Saúde (OMS), Organização Internacional do Trabalho (OIT) e Comissão Econômica para a América Latina e o Caribe (Cepal) apontam para a urgência de revisão das políticas de saúde, sugerindo modelos universais de acesso igualitário, como medida fundamental para um controle eficaz da pandemia. Em conjunto com as medidas imediatas que foram tomadas para sustentação da renda, manutenção dos empregos, e atenção em saúde, vem sendo apontado o reconhecimento da saúde como um direito humano e um bem público que deve ser garantido pelo Estado. O debate sobre as condições estruturais da saúde indica a importância que tem, para o fortalecimento da saúde pública, a consolidação de sistemas de proteção universais e integrais (Cepal, OIT, 2020). A contrapartida da inexistência de um sistema de saúde universal foi, como nos Estados Unidos, constatar que os segmentos sem cobertura privada foram os mais afetados na pandemia de Covid-19.

Afora essa questão do acesso, há outra no mesmo plano que é a soberania nacional. Trata-se de dar ao Estado o controle das atividades-chave da área da saúde para que esse possa fazer frente a pandemias como a de Covid-19, em função da necessidade de as classes dominantes manterem a coesão social. Fissuras na coesão social geram processos de ruptura institucional e política, colocando em risco a continuidade da dominação das classes dominantes sobre as subalternas. Na hipótese de contaminação completamente sem controle e de uma taxa de mortalidade considerada inaceitável pela sociedade, ao que se somaria perda de emprego e renda e quebra dos laços sociais e econômicos, a perda de coesão social fica colocada como inevitável, abrindo-se um período intenso de lutas, cujo resultado é incerto.

Em nome dos "negócios" (ou de "lucros adequados") e de manter a coesão social, embora apresentada na roupagem de evitar óbitos e evitar que os sistemas de saúde entrem em colapso, governos e mesmo organismos internacionais estão recolocando a centralidade da saúde pública e a preocupação em manter parte da indústria da saúde no território nacional. É a isso que chamamos de "ressignificação da saúde". A política de saúde adotada em um país deixa de ser apenas resultado do embate do princípio da cidadania e da meritocracia.

CAPÍTULO 5
O retorno da renda mínima

O avanço da pandemia de Covid-19 escancarou desigualdades estruturais e colocou em xeque a suficiência dos modelos de proteção social, especialmente na periferia do sistema capitalista. As projeções nada otimistas sobre os reflexos da pandemia no nível de pobreza e nas necessidades da população não puderam ser ignoradas pelas autoridades e exigiram respostas dos governos, o que ocorreu mais ou menos rapidamente, a depender do governo de plantão. Em vários países foram ampliados planos de segurança alimentar mediante distribuição de refeições prontas (tal como ocorreu nos Estados Unidos e na Argentina, por exemplo), cestas básicas e até mesmo merenda escolar como forma de garantir o acesso à alimentação da população mais vulnerável. Registraram-se, ainda, ações comunitárias que, entre outros apoios, distribuíram alimentos em solidariedade à população necessitada. Entre as ações que foram realizadas pelos diferentes governos, destacamos o repasse de valores monetários para sustentação da renda por meio da criação ou ampliação de programas de transferência direta de renda (Marques *et al.*, 2020).

Em meio à persistência da pandemia e ao agravamento da crise econômica, o uso de transferência de renda entre as ações de enfrentamento da crise provocou a retomada do debate sobre a criação de uma renda mínima, ou renda básica permanente. As ações implementadas de transferência de renda foram fundamentais para a sobrevivência da população mais afetada pelas perdas econômicas. Contudo, os programas que foram implantados têm seus limites – estão vinculados ao contexto da pandemia, e, em sua maioria, são focalizados – dirigidos especialmente para os segmentos da população em situação de pobreza e extrema pobreza. Mas, é fora de dúvida, que o debate sobre a instituição de uma renda mínima se apresenta como uma necessidade para o enfrentamento das desigualdades sociais (Marques e Berwig, 2021).

O debate sobre a renda mínima não é novo; volta à cena em diferentes momentos em decorrência das mazelas provocadas pelo avanço do capital, especialmente em tempos de crise mais aguda. Entre estudiosos, políticos e figuras públicas,[1] o debate tem ganhado novos aliados em decorrência do cenário pandêmico e da crise econômica de 2020. O Papa Francisco, em recente entrevista a Austen Ivereigh, falou sobre sua percepção sobre as desigualdades e a pobreza, sugerindo ser a hora de explorar conceitos como a renda mínima universal ou o imposto de renda negativo, a fim de garantir uma renda uniforme incondicional a todos os cidadãos (Rede Brasileira de Renda Básica, 2020). A defesa de uma renda mínima por uma figura pública como o Papa Francisco sinaliza quão importante é esse debate. O fato é que a pandemia revelou, sem subterfúgios, a incapacidade de o capitalismo manter dignamente o conjunto da população. A situação de pobreza e de aumento da desigualdade vivenciada em 2020 e que adentra 2021 indica a necessidade de ocorrer uma mudança radical das estruturas sociais ou, pelo menos, que transite nessa direção. A renda mínima garantida é parte desse processo.

Para problematizar essa questão, apresentamos, primeiramente, uma síntese das principais propostas de introdução de uma renda mínima na literatura, e, para o período mais recente, destacamos sua relação com momentos de crise ou de grandes mudanças na sociedade capitalista. Na sequência, registramos as experiências que têm sido vividas em diversas cidades do mundo. Por último, a título de conclusão, discutimos, de maneira breve,

---

[1] Empresários conhecidos mundialmente, como o criador do Facebook, Mark Zuckeberg (2017), e o cofundador da Microsoft, Bill Gates (2019), em distintos momentos, se pronunciaram sobre a necessidade de criação de uma renda básica universal e de uma redefinição do contrato social, demandando a intervenção do Estado.

a renda mínima como uma necessidade do próprio capital, dado que o mesmo tem produzido cada vez mais contingentes de pessoas absolutamente "descartáveis", para as quais não há emprego.

A renda mínima garantida na literatura

O debate em torno da constituição de uma renda mínima não é uma discussão nova. Ele ressurge em decorrência do cenário pandêmico e de suas consequências nefastas, mas a discussão sobre a criação de mecanismos de proteção para a classe que vive do trabalho, por meio de uma renda mínima, sempre tem acompanhado as crises engendradas pelo capital ou pelas situações de grandes alterações econômicas ou sociais.

Na literatura, a primeira referência a uma modalidade de renda básica é encontrada no século XIV. A obra *Utopia* (1516), de Thomas More, é considerada o ponto de partida para os debates teóricos sobre a temática da renda básica como fonte para superação da condição de pobreza e da desigualdade social.[2] Nesse livro, More, ao analisar o declínio do feudalismo na Inglaterra, com a consequente destruição de suas estruturas sociais, defende que o Estado garanta os meios para a população se manter. A proposta de More de concessão de uma renda aplicava-se a todos, independentemente de sua condição. Ela era fundada em dois princípios: de que todos têm direito a ter meios de sobreviver e que a garantia de uma renda era a melhor maneira de impedir que homens e mulheres desesperados fossem impelidos ao roubo, tal como podemos ver em seu texto:

> [...] roubo, puro e simples, não é crime tão grave que se tenha de pagá-lo com a vida, e nenhum castigo impedirá de roubar aqueles que não têm outro modo de agir para não morrer de fome. Nessa matéria vós procedeis – e como vós, muitos outros fazem o mesmo, tanto na Inglaterra como em outros lugares – imitando os maus

---

[2] Juan Luis Vives, ao escrever *Subventione Pauperum* (1532), influenciado por More, propôs à prefeitura de Bruges a criação de uma lei que garantisse a todos os cidadãos um auxílio independente do rendimento individual do trabalho.

> professores, que preferem bater nos alunos a dar-lhes lições. Os ladrões são condenados a um suplício cruel e atroz, quando seria preferível assegurar a subsistência de cada um, de maneira a que ninguém se encontrasse diante da necessidade de roubar para ser, em seguida, executado. (More, 2004, p. 13)

Suplicy e Buarque[3] (1997), políticos da linha de frente da batalha pela instituição da renda mínima no Brasil, chamam atenção para o fato de vários teóricos, de distintas origens, terem apresentado propostas de implantação de uma renda mínima. Entre esses, Thomas Paine, com sua obra *A idade da razão* (1795), defendia que os proprietários de terras pagassem um "aluguel" à comunidade pela posse da mesma e que esse recurso fosse utilizado para a criação de um fundo nacional que teria como propósito compensar a população pela perda de sua herança natural (a terra). Bertrand Russel, prêmio Nobel de Literatura de (1950), em *Caminhos para a Liberdade* (1918), propunha dois tipos de renda, dentro de uma perspectiva universal: uma renda capaz de suprir as necessidades de todos, que trabalhem ou não; e uma renda de maior monta direcionada aos que se dedicarem a algum tipo de trabalho. Friedrich Hayek, economista Nobel de Economia de 1974, uma das principais referências dos defensores do neoliberalismo, defende, em seu livro *Caminhos da Servidão* (1994), que o Estado garanta meios mínimos de subsistência àqueles que sofram privações severas.

Mais contemporaneamente, Milton Friedman, Nobel de Economia em 1976, em sua obra *Capitalismo e Liberdade* (1962), propõe o imposto de renda negativo como forma mais eficiente

---

[3]   O ex-senador Eduardo Suplicy (atual vereador da cidade de São Paulo), do Partido dos Trabalhadores, foi autor da Lei nº 10.835, de 8 de janeiro de 2004, que instituiu a renda básica de cidadania no Brasil. Essa lei, como mencionado mais adiante, não foi regulamentada até os dias de hoje. Cristovam Buarque, em 1995, quando governador do Distrito Federal, criou o Bolsa-Escola, que assegurava o pagamento de um salário mínimo para as famílias carentes com filhos de 7 a 14 anos matriculados em escolas públicas.

para "solucionar" o problema da pobreza. Vale lembrar que esse autor, sendo radicalmente contra as políticas sociais desenvolvidas pelo chamado Estado do bem-estar social, ao defender a proposta de imposto negativo dirigido à população pobre, a colocava claramente como uma política levada pelo Estado em substituição à proteção social estabelecida. De acordo com a ideia do imposto de renda negativo, as pessoas que auferissem renda inferior à considerada mínima vital passariam a receber uma ajuda do Estado. O valor a ser transferido dependeria do montante de renda percebida por esforço próprio, conforme a fórmula "$s = G - tg$", onde "s" é a renda transferida; "G" representa a renda mínima garantida; "t" é o imposto; e "g" equivale à renda pessoal. Desse modo, o valor da transferência se reduziria à medida que aumenta a renda pessoal, mas a uma taxa menor do que o crescimento da renda. Isso significa que a renda total do indivíduo pode ser maior do que "G", pois há uma preocupação em estimular a permanência ou a procura de emprego. Por outro lado, o próprio valor de "G" é definido como suficientemente baixo, de maneira que o beneficiário seria incitado a aceitar qualquer emprego, mesmo se esse for irregular, sazonal e pouco remunerado. Para Friedman, a aplicação do imposto de renda negativo teria as seguintes vantagens:

> O programa está especificamente dirigido para o problema da pobreza. Fornece uma ajuda sob a forma mais útil para o indivíduo, isto é, o dinheiro. É de ordem geral e pode substituir o grande conjunto de medidas atualmente existentes. Explicita o custo que impõe à sociedade. Opera fora do mercado. Como qualquer outra medida para mitigar a pobreza, reduz o incentivo para que os ajudados se ajudem a si próprios, mas não o elimina inteiramente, como o faria um sistema de suplementação das rendas até o mínimo estabelecido. (Friedman, 1977, p. 162-163)

Todas essas ideias e propostas não eram acompanhadas de encaminhamentos que conduzissem ao fim da propriedade privada, elemento fundante da desigualdade, e sim constituíam tão somente oferta de meios mínimos para subsistência da população como forma de enfretamento à pobreza. Essas propostas foram amplamente criticadas por teóricos do socialismo utópico:[4] Thomas Spence e Robert Owen, no Reino Unido; Charles Fourier, Louis Blanc e Saint-Simon, na França; e Joseph Charlier, na Bélgica. Para esses autores, a propriedade privada era incompatível com a justiça social. A transferência de recursos monetários, sem alterar as bases da propriedade privada, não implicava mudança da situação de desigualdade.

Outra importante contribuição para o debate, mas contrário à concessão de uma renda, foi realizada por Adam Smith, David Ricardo, John Stuart Mill, Jeremy Benthan e Thomas Malthus. Para esses autores, "as Leis dos Pobres e as propostas de um dividendo igual para todos configuravam-se como um obstáculo à ordem capitalista, que partia do pressuposto da autorregulação do mercado" (Silva, 2019, p. 113).

Entre defesas e críticas, foram cunhadas diferentes propostas das quais algumas foram implementadas. Distintas concepções e as mais variadas denominações estão registradas nesse debate, tais como: renda da terra (tal como proposto por Paine), dividendo territorial, bônus estatal, benefício universal, soldo básico universal e incondicional, imposto de renda negativo, renda básica universal, renda mínima garantida (utilizada neste texto), renda de existência e outros que possamos não ter localizado.

---

[4] Os estudos dos autores, que conformam o grupo denominado como socialismo utópico, sugerem a criação de uma sociedade igualitária, que seria alcançada por meio de acordos entre burguesia e proletariado. O termo utópico tem relação com a obra *Utopia* de Thomas More. Os autores defendiam um sistema de cooperação e união entre as classes em busca de uma sociedade justa e ideal. Quem os chamou de socialistas utópicos foi Engels, em seu livro *Do socialismo utópico ao socialismo científico*, publicado em 1880. Na verdade, trata-se dos três primeiros capítulos de seu livro *Anti-Dühring*, publicado dois anos antes.

O debate e os momentos do capitalismo

Ainda que o debate em torno da renda mínima esteja presente desde as fases iniciais do capitalismo, ele ganha força e destaque em pelo menos três momentos que antecedem a crise pandêmica de Covid-19: na crise dos anos 1970; na reestruturação produtiva dos anos 1980-1990 (decorrente da incorporação da tecnologia com base na microeletrônica); e na crise de 2007-2008. À crise provocada pela pandemia, se agregam os prognósticos sobre o mercado de trabalho dos impactos da indústria 4.0 e da internet das coisas.

A crise de meados dos anos 1970 não foi apenas conjuntural e passageira (como tantas outras), mas uma crise que não só revelou a profunda dificuldade que o capital vinha enfrentando para manter sua reprodução a uma taxa de lucro adequada,[5] como produziu, ao final, uma notável virada histórica, questionando o Estado do bem-estar social e criando as bases para o desenvolvimento do neoliberalismo. No plano mais imediato, essa crise apareceu como resultado da justaposição de várias crises: de produção, energética, do sistema financeiro internacional, do dólar e da economia estadunidense, muito embora países da Europa também tenham sofrido bastante com a queda de sua produção, levando o desemprego a taxas altíssimas e desequilibrando as finanças públicas. Era o fim da era de ouro do capitalismo. As décadas que se seguiram seriam bem diferentes: convívio com desemprego elevado, aumento da pobreza e da desigualdade de renda e patrimonial.

Nos anos 1980 e 1990, como uma das respostas à situação que havia levado à crise, foram realizadas profundas alterações na produção de mercadorias e mesmo na esfera da circulação, o que se traduziu em avanço do processo de automação da indústria,

---

[5] Integrantes da Escola da Regulação, entre os quais destacamos Benjamin Coriat (1983), atribuem essa inadequação ao esgotamento relativo da organização fordista do trabalho. A diminuição da taxa de produtividade resultou em lucros menores, dado que os salários reais continuaram a subir em função da correlação de forças estar favorável aos trabalhadores na época.

do comércio, das atividades bancárias e das demais esferas de atuação do capital a juros. A tecnologia que lhe serviu de apoio permitiu introduzir flexibilidade ao processo de trabalho e reduzir significativamente o custo com o estoque de materiais, de produtos acabados, invertendo a lógica anterior de produzir para vender. Assim, a acumulação flexível, como veio a ser chamada a acumulação do capital fundada na microeletrônica, surge com o intuito de superar os limites técnicos colocados pelo modelo de produção taylorista-fordista de produção. Dito de outra maneira, a acumulação flexível procurou recompor as bases ideais de lucratividade do capital, alterando a relação estabelecida com a classe trabalhadora nos anos que se seguiram ao fim da Segunda Guerra Mundial.

Assim, os anos de 1980 e 1990 são palco de um novo modelo de produção, flexível não só em suas formas de produção, mas como modelo de exploração e controle sobre a força de trabalho. O processo de reestruturação produtiva tinha como objetivo aumentar a produtividade, a eficiência e a qualidade; reduzir custos e melhorar a gestão. Tudo isso auxiliado pelas então chamadas novas tecnologias, que tinham base técnica na microeletrônica. Como resultado dessa reestruturação, houve uma profunda destruição/ desestruturação das relações trabalhistas, o que gerou precarização da força de trabalho. Essa precarização, em um quadro de desemprego elevado, tornou-se uma realidade permanente de parte importante dos trabalhadores do mundo inteiro. Aquilo que era associado a países de desenvolvimento tardio, dependentes, em desenvolvimento, do Terceiro Mundo ou da periferia do sistema – não importa o nome com que se queira classificá-los –, passou a ser a realidade dos trabalhadores dos países tidos como desenvolvidos ou imperialistas. A precarização se manifestaria, bem como o aumento da pobreza e da desigualdade, como uma das faces do capitalismo contemporâneo.

Dessa forma, com a aceleração da reestruturação produtiva, alteraram-se profundamente as condições estruturais do trabalho e os impactos sobre a classe trabalhadora são devastadores. As interferências da reestruturação produtiva são vivenciadas pelos trabalhadores do mundo todo e impera a lógica de superexploração, terceirização, subcontratações, desregulamentação das relações trabalhistas. Além das alterações do ponto de vista das relações trabalhistas, o cenário laboral é atravessado pelo processo de automação (Berwig, 2019). Combinadas às condições estruturais do trabalho, observamos um conjunto de contrarreformas no campo das políticas sociais. Essas, mais do que ser um atentado ou avanço contra direitos conquistados duramente pelos trabalhadores, revelam a insuficiência da proteção social vigente, em um cenário em que o capitalismo não consegue mais garantir trabalho e renda para a população.

É nesse contexto que ressurgiu, em diversos países, o debate sobre como garantir minimamente a qualidade de vida da população. Em outras palavras, o debate sobre a renda mínima foi retomado porque o capitalismo, ao promover a flexibilização da produção e das relações de trabalho, não resolveu a questão do desemprego e a crescente pobreza e desigualdade da sociedade.

Identificava-se claramente duas propostas no campo da renda básica ou mínima: a renda mínima garantida de caráter universal e o imposto de renda negativo. A renda mínima, de valor definido, constituiria repasse incondicional a todos os indivíduos de uma sociedade, sem recorte de renda. Já o imposto de renda negativo direcionaria uma renda a todos aqueles que não dispusessem de condições objetivas, mínimas para sua sobrevivência. Na época, não eram poucos aqueles que consideravam que, guardadas as diferenças, especialmente no que diz respeito à garantia de acesso – universal *versus* focalizado –, esses programas tinham em comum a ideia de simplificar/racionalizar os sistemas de proteção social. Substituindo assim diferentes modalidades de benefícios por uma renda monetária única, o que permitiria aos beneficiários buscar atender suas necessidades básicas diretamente no mercado.

A proposta de constituição de uma renda mínima garantida sempre foi acompanhada de polêmicas. Entre as questões que permeiam o debate estão: a (in)viabilidade do financiamento e o desafio do equilíbrio das contas públicas; o debate moral que supõe que a concessão de uma renda fixa e suficiente contribua para que os mais pobres não se mobilizem para o trabalho; e, ainda, o desafio para a definição do desenho de política a ser implementada a partir de cada realidade. Considerada utópica para alguns e viável para outros, o fato é que a possibilidade de uma renda contínua, regular, incondicional, sem distinções de perfil socioeconômico e garantida pelo Estado, é vista por muitos como um salto qualitativo em termos de proteção social para qualquer sociedade, ao garantir condições para a sobrevivência independentemente de condicionalidades. Já a renda mínima focalizada, por sua vez, pode ser vista como a aplicação do imposto de renda negativo, e programas nesse sentido foram sistematicamente defendidos pelo Banco Mundial nos anos 2000, embora a ideia já estivesse presente em publicações anteriores.

Experiências de renda mínima

Não são poucas as experiências de programas de renda mínima implementadas ao redor do mundo. Aqui, vamos tratar de apenas algumas. Antes, porém, retomemos a ideia de Thomas Paine, dado que ela foi apresentada sob a forma de projeto no Diretório da Primeira República Francesa[6] em 1796. Esse projeto previa que parte de todas as rendas seriam obrigatoriamente cedidas por seus titulares para formar um fundo destinado a pagar uma renda uniforme a todo membro da sociedade. O cidadão que completasse 21 anos tinha direito a receber 15 libras esterlinas e aquele com

---

[6] O Diretório era o regime político da república. Vigorou entre 26 de outubro de 1795 e 9 de novembro de 1799, quando do golpe de Estado do 18 de brumário. No calendário revolucionário, a duração do regime seria de 4 de termidor do ano IV ao 18 de brumário.

50 anos (no momento da aprovação da lei ou quando atingisse essa idade) receberia 10 libras esterlinas por ano, durante toda sua vida (Van Parijs, 1992 e 1994).

Em 1948, no Reino Unido, foi implantado o programa *National Assistance ACT*, um programa de transferência de renda mínima destinado a atender as necessidades de subsistência da população, complementando o sistema de proteção social. Silva (2019), ao analisar esse e outros programas de renda mínima, conclui que eles foram desenvolvidos de forma articulada aos Estados de bem-estar social, posto que seu objetivo era complementar a oferta de serviços de saúde, educação, moradia, e de outras provisões sociais monetárias vinculadas ao trabalho, como seguro-desemprego, aposentadoria, pensões, entre outros. Esse foi o caso dos programas de renda mínima implementados na Finlândia, em 1956; na Suécia, em 1957; e nos Países Baixos, em 1963; nem todos se mantiveram até o tempo presente.

Mais recentemente, temos o programa de renda mínima implementado no Estado do Alasca, em 1982, que tem sido fortemente referenciado e foi fruto de estudos e análises em outros momentos por vários países, inclusive pelo Brasil. O Alasca, por meio do Fundo Permanente do Alasca, formado por recursos dos *royalties* do petróleo, realiza transferência anual a todos seus moradores,[7] independentemente de sua condição financeira ou de emprego. Trata-se de um modelo de renda mínima universal, sem corte de renda como critério de acesso e sem condicionalidades para nele se manter. A mudança nos índices de desigualdade que se seguiram no Alasca é atribuída ao programa de renda mínima; o estado passou da posição de mais desigual dos Estados Unidos (EUA), em 1980, para o segundo com melhor índice de igualdade no país no ano de 2016 (Flores, 2020).

---

[7]   Praticamente todos os habitantes do estado do Alasca eram beneficiados com o programa de renda mínima em junho de 2020 (Ming, 2020).

Seguindo o modelo americano, o Irã[8] implantou, no ano de 2010, um programa de renda mínima universal com recursos também provenientes do petróleo. Em 2013, o programa foi prejudicado pelo menor ingresso de recurso, em decorrência do boicote comercial capitaneado pelos EUA contra o país, o que reduziu o valor dos benefícios à metade, de US$ 40,00 para US$ 20,00 por pessoa ao mês (Flores, 2020; Ming, 2020). Já Macau, região administrativa da China, instituiu o programa em 2011, financiado pelos recursos provenientes da taxação do jogo em cassinos e hotéis. Com o percentual de 6% da arrecadação sobre os jogos realizados em cassinos e hotéis, são pagos dividendos anuais a cerca de 700 mil habitantes (Suplicy, 2019). Os programas citados, além de estarem em vigor, têm em comum o fato de serem programas de renda mínima de caráter universal, o que implica que todos os cidadãos da cidade ou estado de referência podem acessá-lo independentemente de sua condição de renda ou de trabalho.

Na França, há uma modalidade de renda que se assemelha à renda mínima. Trata-se da Renda de Solidariedade Ativa (*Revenu de Solidarité Active* – RSA), benefício que substituiu, em maio de 2009, a Renda Mínima de Inserção (*Revenu Minimum d'Insertion* – RMI, criado em dezembro de 1988). Esse benefício visa assegurar às pessoas sem recursos um nível mínimo de renda e um programa de acompanhamento de inserção profissional. O valor do benefício varia de acordo com as condições familiares, incluindo sua composição, renda e idade de seus membros; sendo dirigido também a pessoas sozinhas.

Na Argentina, em novembro de 2009, foi instituído o *Asignación Universal por Hijo* (AUH), mediante o Decreto 1602/09. Marques (2013, p. 306) assim descreve essa iniciativa:

---

[8] Cerca de 90% da população do Irã, 18 milhões de famílias, eram beneficiárias do programa em junho de 2020 (Ming, 2020).

Essa medida deu prosseguimento ao processo de retomada pelo Estado da responsabilização da proteção social, cujo marco maior foi a (re)estatização das aposentadorias, pensões e demais benefícios, em dezembro de 2008. O AUH consiste de um benefício pago às crianças e adolescentes menores de 18 anos, residentes no país, ou incapacitados sem limite de idade, que sejam argentinos nativos ou naturalizados ou com residência legal no país mínima de 3 anos, que pertençam a famílias cujos pais se encontram desempregados, exerçam atividade doméstica ou exerçam atividade na economia informal. No caso dos desempregados, não podem estar recebendo o seguro-desemprego e, no caso dos dois últimos, a remuneração não pode ser superior a um salário-mínimo. Com esse decreto, a presidente Cristina Fernandez de Kirchner promoveu a ampliação da cobertura da alocação por filho, dado que o mesmo já existia para os trabalhadores do mercado formal de trabalho. Dessa maneira, passaram a coexistir dois subsistemas de AUH, um contributivo (dos trabalhadores formais) e outro não contributivo.

A AUH não contributiva se assemelha ao Programa Bolsa Família (PBF) brasileiro (mais adiante tratado), dado que prioriza crianças e adolescentes. A similitude fica, no entanto, restrita a isso. No caso argentino, o benefício constituiu um direito; no caso brasileiro, não, podendo sofrer descontinuidade a qualquer momento.

Além dos programas vigentes, outros foram implementados sob a forma de projetos-piloto, de forma temporária e com o objetivo de estudarem a viabilidade e o impacto do programa sobre a população-alvo. Entre as experiências-piloto, destacam-se os casos da Finlândia, da Holanda, e de Ontário, no Canadá. O projeto-piloto finlandês durou entre 2016 e 2018 e se dedicou a observar e acompanhar 2 mil pessoas desempregadas com uma renda mínima.[9] Na Holanda, um projeto-piloto também foi implantado entre 2017 e 2019. Em 2018, o jornal *El País* anun-

---

[9] O projeto de renda mínima durou anos e comparou 2 mil participantes desempregados que recebiam 560 euros por mês, com um grupo de controle de 173 mil desempregados. A conclusão do estudo mostrou um pequeno efeito no emprego. O grupo que recebeu o auxílio teve uma pequena variação positiva de pessoas empregadas em relação ao grupo controle; a diferença significativa

ciava, com o título a "Esperança percorre o mapa-múndi", que alguns países haviam iniciado projetos-piloto de renda mínima, destacando a diversidade das realidades e a dispersão geográfica entre as experiências. Essas estavam sendo realizadas em: Stockton (Estados Unidos), Barcelona (Espanha), Quênia, Escócia, Utrecht (Holanda), Reino Unido, Itália e Índia, além de Holanda e Ontário (Canadá), mencionados anteriormente. Todas essas e outras experiência são objeto de muita polêmica entre estudiosos, políticos e sociedade em geral. Não há consenso quanto ao assunto da renda mínima. Contudo, o que parece receber concordância de todos é que a expansão dessas experiências constitui uma resposta às necessidades de proteção da população e de enfrentamento das desigualdades sociais, especialmente da pobreza. Por se tratar de projetos-piloto, essas experiências são, evidentemente, temporárias.

No caso do Brasil, a Lei n. 10.835, de 8 de janeiro de 2004, que institui a renda básica de cidadania, sem critério de renda para acesso, não foi regulamentada, como mencionado anteriormente. Além da experiência realizada no Distrito Federal, em 1995, aqui também já referida, várias outras cidades brasileiras implementaram programas semelhantes na mesma época (Fonseca e Montali, 1996). Atualmente, diversos municípios e estados têm modalidades dessa iniciativa. Nas eleições para a cidade de São Paulo, em 2020, propostas de ampliação do programa existente foram objeto de intensa discussão entre os candidatos a prefeito.

Entre os programas de renda mínima realizados por municípios, no país, destaca-se o realizado pela cidade de Maricá, no Rio de Janeiro. Com o nome de "renda básica de cidadania", essa experiência tem sido mencionada nos debates por ter como fonte de financiamento um fundo municipal formado por recursos oriundos da receita dos *royalties* do petróleo. O pagamento, feito mensalmente a todos os munícipes, sem critérios socioeconômicos,

---

foi nos níveis mais baixos de insegurança e estresse relatados pelo grupo que recebeu o benefício em relação ao grupo controle (Flores, 2020, *on-line*).

é realizado mediante uma moeda própria – a mumbuca. A moeda social mumbuca é eletrônica e tem formato de cartão magnético. Os cartões só funcionam na cidade de Maricá e recebem as maquininhas para efetuar as transações comerciais apenas prestadores de serviços, produtores e comerciantes estabelecidos na cidade, preferencialmente pequenas empresas. Os beneficiários não podem sacar os valores em dinheiro, mas utilizar o valor correspondente no comércio local. Dessa forma, o programa tem efeito multiplicador na economia local, expandindo as atividades do município.[10]

Ainda como exemplo de uma experiência de renda mínima focalizada, temos, no Brasil, o Programa Bolsa Família (PBF), criado em 9 de janeiro de 2004, mediante a Lei n. 10.836. O PBF é, em geral, um programa de transferência de renda condicionada, mas pelo menos um de seus benefícios (benefício básico) segue as características da renda mínima garantida – sem exigência de condicionalidades a cumprir, embora focalizado. O PBF tem sido referenciado nos debates sobre a constituição de um programa de renda mínima em decorrência da potencialidade de sua ampliação. O PBF tem uma característica singular, que o diferencia das experiências realizadas nos países aqui mencionados: sua abrangência é todo o território nacional e não uma cidade ou estado (Marques e Berwig, 2021).

Durante o ano de 2020, em inúmeros países realizou-se transferência de renda àqueles que não tinham direito ao seguro--desemprego por atuarem na informalidade. Essa foi uma das formas encontradas pelos governos para mitigar a ausência de renda ou sua redução significativa provocada pela paralisação total ou parcial das atividades. No Brasil, foi instituído o Auxílio

---

[10] As ações de todo o programa de renda mínima desse município são administradas e executadas pelo Banco Comunitário Popular de Maricá. O município poderia ter contratado qualquer banco público ou privado para administrar o pagamento das bolsas, contudo, não o fez, dando essa tarefa ao Banco Comunitário Popular de Maricá. Dessa forma, o recurso público aponta no sentido de que outro modelo de banco é possível.

Emergencial de R$ 600[11] mensal, que beneficiou 68 milhões de pessoas, incluindo aquelas que recebiam o PBF. No caso desses últimos, houve um incremento substantivo da renda, pois o PBF pagava, em média, R$ 189,86 em 2019. Durante o período de recebimento do Auxílio, o benefício do PBF foi suspenso. A última parcela do Auxílio foi paga em dezembro.

Pandemias, exclusão e renda mínima[12]

O cenário pandêmico que se apresenta e as necessidades emergentes da população mundial reatualizaram o debate em torno da instituição de uma renda mínima. Em todos os países esse debate é permeado de prós e contras. Como mencionamos anteriormente, três questões sempre vêm à baila: a (in)viabilidade do financiamento e o desafio do equilíbrio das contas públicas; o debate moral em torno de uma renda fixa contribuir para que os mais pobres não se mobilizem para o trabalho; e, ainda, o desafio para definição do desenho de política a ser implementada a partir de cada realidade. Mas seria o recebimento de uma renda fixa fator de alienação e enfraquecimento da luta da classe trabalhadora? Não é possível fazer tal afirmativa ou refutá-la sem compreendermos os impactos das condições objetivas de vida para a população sobre as relações sociais. Considerada utópica para alguns e viável para outros, o fato é que a possibilidade de uma renda contínua, regular, incondicional, sem distinções de renda e garantida pelo Estado, complementar ao sistema de proteção social, significa um salto em termos de garantias de sobrevivência para qualquer sociedade (Paes, Siqueira, 2008).

Para além do momento de pandemia e seus impactos que acompanharão a sociedade por um prazo indeterminado, as modificações estruturais pelas quais passa o capitalismo têm

---

[11]   Famílias monoparentais recebiam R$ 1.200. Nos últimos meses do ano, os valores foram reduzidos pela metade.

[12]   Parte deste tópico se beneficiou de Marques e Berwig, 2021.

convocado agentes políticos, pesquisadores e sociedade em geral a pensar como responder à situação criada de exclusão e pobreza crescentes. É fato que a desigualdade e o empobrecimento da classe trabalhadora não são de agora (a vigência do neoliberalismo nessas últimas décadas aprofundou esses indicadores), mas os níveis registrados são qualitativamente diferentes e nenhuma sociedade pode se manter coesa numa situação como a que está se apresentando.

Lembremos que o neoliberalismo, expressão política e ideológica da dominância do capital a juros nas determinações econômicas e sociais do capitalismo contemporâneo, transforma todos os espaços, atividades humanas e mesmo a subjetividade em objeto de exploração do capital, tendo como única referência o individualismo e a eficiência. O coletivo e a socialização de parte do excedente, na forma das políticas sociais tradicionais (construídas com base em uma sociedade salarial), na qual o trabalho constitua a forma primordial de integração na sociedade, estão em vias de desaparecer. Esse processo pode ser mais ou menos lento, a depender do grau de resistência dos trabalhadores em cada sociedade específica.

O nível tecnológico alcançado nas últimas décadas, somado à potencialidade associada ao que está sendo desenvolvido nos últimos anos, via indústria 4.0, internet das coisas e inteligência artificial (IA), é inacreditável, capaz de produzir tudo que seria necessário para atender as necessidades da população mundial. Aqui não vai nenhuma novidade. Vários autores e mesmo agências internacionais, como a Organização das Nações Unidas para Agricultura e Alimentação (FAO), já declararam isso, especialmente no que se refere à produção de grãos. É claro que esse entendimento decorre de considerar o valor de uso do que é produzido e não o que é determinante para sua produção e venda, ou seja, o lucro. É isso que impõe a lógica da produção com alto nível de capacidade ociosa (tal como acontece em vários setores de atividades); a limitação do tempo de uso da mercadoria; a obsolescência do produto para forçar a elevação do preço, entre outros expedientes usados pelo capital.

O outro lado da capacidade de suprir as necessidades humanas, decorrente das forças produtivas disponíveis, é a significativa redução da jornada de trabalho que seria possível implementar. Em alguns países, trabalhadores de certas atividades estão avançando nesse sentido, tal como os metalúrgicos alemães, com a semana de 28 horas. No geral, no entanto, o capital "prefere" manter um núcleo de trabalhadores em atividade e dispensar os demais. É essa a raiz do elevado desemprego que vivenciamos no plano mundial e que só tende a aumentar no pós-pandemia.

O assalariamento nos moldes de parte do século XX é coisa do passado, disfuncional para o capitalismo. É nesse quadro que se coloca, do ponto de vista do próprio capital, a implantação de uma renda mínima garantida. Se as estimativas das agências internacionais se confirmarem, isto é, se o mundo que emergirá da pandemia for um mundo acentuadamente mais desigual e com ampliação significativa da população em situação de pobreza absoluta, políticas de transferência de renda, do tipo renda mínima garantida, ganharão extrema importância nas agendas governamentais. Lembremos que parte do quadro futuro, de emprego e renda, será resultado do avanço da indústria 4.0 e da internet das coisas, sem falar da IA, que estaria avançando. Tal como em relação à saúde pública (pelo menos parte dela), a inclusão prioritária da renda mínima garantida na agenda de governos de todas as orientações está associada à necessidade de as classes dominantes tentarem manter a coesão social e, com isso, seu poder.

Para os trabalhadores, dialogar sobre a criação de um programa de renda mínima demanda observar as condições estruturais e as mudanças ocorridas no cenário laboral; implica compreender as novas expressões da questão social a partir das mutações e das reestruturações do capital. Isso significa que, aos trabalhadores que ainda mantêm relações estáveis com o capital e aos que hoje integram o grande contingente que foi descartado, resta mostrar que, ao contrário do que se poderia concluir de uma leitura rápida e superficial do momento em que vivemos, é hora de propor uma outra forma de organização social e produtiva. As condições objetivas para uma transformação radical estão dadas, mas é preciso que os indivíduos se constituam sujeitos do novo porvir.

CAPÍTULO 6
A grande ruptura no mercado de trabalho

O uso da força de trabalho na produção e circulação das mercadorias está sendo objeto de grande transformação com o avanço da indústria 4.0, da internet das coisas e da inteligência artificial (IA), elementos que são explorados na parte três deste capítulo. Esse avanço intensificou-se durante a pandemia, isto é, empresas de todos os tipos aproveitaram-se desse momento para acelerar a incorporação desses novos usos da tecnologia. A potencialidade que essa transformação encerra em termos de poupança do trabalho humano é tal, que podemos dizer que a oportunidade de trabalho tende a se restringir a poucos, ficando a imensa maioria da população excluída das atividades organizadas pelo grande capital.

A discussão sobre se os processos de automação resultam ou não em redução do emprego da força de trabalho não é de hoje. Está colocada de forma explícita pelo menos desde o século XIX, quando os trabalhadores ingleses dos ramos de fiação e tecelagem quebraram as máquinas em defesa de seus empregos e de melhores condições de trabalho, no movimento que ficou conhecido como ludismo. De lá para cá, muita coisa aconteceu, modificando profundamente os processos de trabalho. No século XX, especialmente no período posterior à Segunda Guerra Mundial, vivenciamos a incorporação generalizada dos princípios tayloristas e fordistas tanto na produção como na esfera da circulação. Mas também foi nesse século, como reação ao esgotamento relativo da organização do trabalho fordista, que assistimos à rápida introdução de máquinas e equipamentos com base técnica na microeletrônica nos locais de trabalho, e à adoção do que ficou convencionado chamar de automação flexível. No momento atual, algo novo está ocorrendo. Não estamos vendo um simples aumento do grau de automação dos processos e das atividades. O que está se passando nos ambientes de trabalho não é um mero aumento quantitativo de tecnologia. As mudanças são qualitativas.

É sobre isso que trata este capítulo. Ele está dividido em três partes. Na primeira, lembraremos a relação entre processo de trabalho (PT) e processo de acumulação do capital, destacando o significado da adoção dos princípios tayloristas e fordistas no controle do capital sobre o trabalho. Na segunda, trataremos da automação flexível. Por último, trataremos da revolução provocada pelas novas tecnologias, no que estamos chamando de "A Grande Ruptura".

Processo de trabalho e processo de acumulação do capital: taylorismo e fordismo

Marx (1982, p. 202), no capítulo V do livro 1 d'*O capital,* nos lembra que todo o processo de trabalho é composto por três elementos: "1) a atividade adequada a um fim, isto é, o próprio trabalho; 2) a matéria a que se aplica o trabalho, o objeto de trabalho; 3) os meios de trabalho, o instrumental de trabalho". De maneira genérica, podemos dizer que, desde que o homem é homem, o processo de trabalho, independentemente do modo de produção adotado, é formado pelo ser humano, pela natureza e pelo ferramental. No capitalismo, esses três elementos são o trabalho assalariado, a natureza (transformada ou não) e as máquinas e equipamentos. Se pensarmos na produção de qualquer produto industrial, por exemplo, o capital, ao contratar a força de trabalho, passa a extrair dela seu valor de uso, isto é, a capacidade de trabalhar e, nesse processo, a faz produzir um valor novo, para além do existente nas matérias-primas e na depreciação das máquinas que é incorporada na mercadoria. Parte desse novo valor retorna ao trabalhador sob a forma de salário e a outra, o excedente, é apropriado pelo capitalista. Esse excedente é chamado de mais-

-valia e é o correspondente ao lucro do capitalista quando estamos observando a produção.[1] Dessa forma, o processo de trabalho é o veículo do processo de valorização do capital.

Mas tornar o processo de trabalho adequado aos objetivos do capital, isto é, para garantir sua máxima valorização, foi um longo caminho. Em diversas passagens d'*O capital* e especialmente no capítulo inédito d'*O capital* (1975), Marx analisa a luta do capital em fazer dos elementos constitutivos do PT, instrumentos da valorização do capital, lembrando, num primeiro momento, que sua subsunção a ele era apenas formal. O trabalho continuava a ser feito tal como antes, no mesmo ritmo, com as mesmas tarefas e sequência, e com os mesmos instrumentos de trabalho.[2] De início, portanto, o capital teve que operar com o que estava disponível, com os velhos métodos de produção há muito utilizados. Em outras palavras, tanto a técnica como a maneira de fazer o trabalho continuavam iguais, tal como antes de o capitalismo se impor como modo de produção dominante. Nesse período inicial, a única forma disponível do capitalista aumentar o excedente era via ampliação da jornada de trabalho, constituindo uma mais-valia absoluta. Esse expediente tinha, é claro, um limite intransponível, dado não pelas 24 horas do dia, mas pelo limite físico do trabalhador. É desse período a imposição de jornada de 16 horas.

Processo de trabalho e processo de valorização do capital são, então, indissociáveis. E, por isso, o capital fará esforços incansáveis, ao longo de sua história, para adequar cada elemento

---

[1]   No conjunto das atividades produtoras de mercadoria, a soma da mais-valia é igual à soma do lucro, mas, do ponto de vista individual, isso não acontece. Para detalhes sobre isso ver os capítulos IX e X do Livro III d'*O capital,* de Marx. É possível, ainda, haver lucro fictício, não fundado em mais-valia (Nakatani e Marques, 2020).

[2]   Aliás, é memorável sua descrição da luta do capital para fazer dos homens e mulheres, que haviam sido expulsos da terra, trabalhadores que aceitassem labutar sob um teto, que cumprissem uma jornada de trabalho e que se fizessem presentes mesmo se nevasse ou chovesse.

constitutivo do PT ao seu objetivo maior, sua autovalorização. Essa busca não é pontual. Ao contrário, é permanente. A todo tempo e época, o capital está buscando melhorar sua eficiência, medida em aumento da produtividade e, portanto, resultando em redução de custo. Como sabemos, o modo de produção tem, em seu DNA, a perseguição constante por aumento da produtividade, meio pelo qual o capitalista individual se diferencia de seus concorrentes e, assim, assegura um lucro extraordinário, para além do lucro médio.

Para que o capital tornasse a força de trabalho perfeitamente adequada a seu objetivo, era necessário que ele primeiramente se apropriasse do conhecimento envolvido na produção das mercadorias, isto é, se apropriasse do saber operário, muitas vezes acumulado ao longo de décadas e passado de geração para geração por trabalhadores de uma mesma família (Coriat, 1982). Isso só ocorrerá plenamente no século XX, com a estruturação da organização científica do trabalho, fundada especialmente com base nos princípios desenvolvidos por Frederick Taylor e Henry Ford, muito embora tenha havido outras contribuições no campo da gestão da força de trabalho. Essa vitória do capital no sentido da adequação do conjunto da força de trabalho (e não somente de uma parte) a seus propósitos, apenas inicia com o taylorismo e o fordismo. Como dissemos anteriormente, o capital estará permanentemente agindo sobre os elementos do processo de trabalho com vista a melhor utilizá-los.

Foram quatro os princípios introduzidos por Taylor: a) a separação entre concepção e execução, resultando na quebra da unidade do trabalho até então realizado pelos trabalhadores qualificados da época; b) o parcelamento do trabalho ao máximo, associando, na medida do possível, um trabalhador para cada operação; c) a classificação das tarefas, cujo objetivo é excluir do PT os gestos e ações realizados pelos trabalhadores, por tradição, que não contribuam para a produção; d) a adoção do tempo ótimo ou ideal para a realização de cada operação.

Taylor, portanto, depois de estudar[3] detalhadamente como os trabalhadores produziam (quais operações estavam envolvidas, qual a sequência dessas operações, qual o tempo para a realização das operações), "devolveu" a eles um PT totalmente otimizado, excluindo tarefas, rearranjando a sequência lógica das operações e determinando o tempo de sua realização. A aplicação desses princípios resultou em aumento significativo da intensidade do trabalho e da produtividade. A intensidade majorada derivou tanto da eliminação de operações desnecessárias e de tempos mortos (tempo em que o trabalhador não estava realizando, por qualquer motivo, uma tarefa), como da definição de tempo para a realização das operações. Os trabalhadores resistiram a Taylor e, inclusive, iniciaram um processo contra ele por meio de seu sindicato. De qualquer forma, estavam lançadas as bases para a apropriação, pelo capital, do trabalho que ainda não tinha sido objeto de pleno domínio do capital, o trabalho qualificado da época, que muito se assemelhava ao trabalho de um artesão. Taylor publicou o resultado de sua pesquisa em 1911, no livro *Princípios da administração científica*, embora seus avanços nesse campo sejam das duas últimas décadas do século XIX.

Alguns anos depois, em 1909, Henry Ford, deu continuidade ao trabalho de Taylor, adicionando alguns outros princípios. As reflexões e experiências de Ford antes de promover a reestruturação de sua fábrica de automóveis está registrada em seu livro *Minha Vida, Minha Obra*. Esses princípios são, nas palavras dele (1925, p. 108 e 109):

> a) Tanto os trabalhadores como as peças devem ser dispostos na ordem natural das operações, de modo que toda peça ou aparelho percorra o menor caminho possível durante a montagem;
>
> b) Empreguem-se planos inclinados ou aparelhos similares, de modo que o operário sempre possa colocar no mesmo lugar as peças em que trabalhou, e sempre a seu alcance. Todas as vezes em que

---

[3] Taylor se debruçou sobre o trabalho realizado na Midvale Steel Company (Taylor, 1990). Suas primeiras contribuições podem ser situadas no ano de 1879.

for possível deve-se usar a gravitação como meio de transporte para chegar às mãos do operário próximo a peça em trabalho;

c) Construa-se uma rede auxiliar para a montagem de carros, pela qual, deslizando as peças que devem ser ajustadas, cheguem ao ponto exato onde são necessárias.

Junto desses princípios, Ford introduziu ferramental "especializado", isto é, desenhado especificamente para determinado fim. O resultado da aplicação de suas ideias foi uma explosão de produtividade e, evidentemente, redução de custo e aumento da intensidade do trabalho. Para se ter uma ideia, a montagem do chassi, que demorava 12 horas e 8 minutos, passou a levar 1 hora e 33 minutos; a montagem do motor, por sua vez, de 9 horas e 54 minutos, foi reduzida para 5 horas e 56 minutos. A montagem do motor, antes realizada por um trabalhador, foi dividida em 28 operações e executada por 28 trabalhadores.

Ford, para dar conta da possível reação contrária dos trabalhadores a esse novo método de trabalho (conhecida como linha de montagem, com ênfase na palavra linha), e, ao mesmo tempo, para fazer frente à dificuldade que ele e outros fabricantes tinham em fazer com que a mão de obra se fixasse na empresa,[4] reduziu a jornada de trabalho em uma hora (passou a ser oito horas) e aumentou o salário (seria o dobro do pago pelo mercado). Essas condições eram aplicáveis a homens de 24 anos ou mais, casados e que não frequentassem estabelecimentos considerados inadequados.[5] Em 1913, um Ford T era vendido a US$ 500 dólares, quando, em 1908, custava US$ 850.

Foi a junção dos princípios tayloristas e fordistas que viabilizou a produção em massa, seriada,[6] que deu sustentação da

---

[4] Na época, os trabalhadores metalúrgicos, especialmente da indústria de automóveis, eram absolutamente itinerantes, abandonando o emprego depois de receberem seus salários e deslocando-se para outra empresa ou cidade. Coriat (1982) relata essa situação em detalhe.

[5] Para detalhes sobre isso, ver Ford (1925).

[6] Base do que ficou conhecido como Segunda Revolução Industrial.

expansão capitalista que ocorreria especialmente a partir do final da Segunda Guerra Mundial, período que foi de pouca turbulência para o capital. É nesse momento que esses princípios se generalizam no mundo, avançando nos países tidos como desenvolvidos ou centrais e mesmo naqueles considerados da periferia do sistema. Até mesmo Lenin, que escreveu contundentes artigos denunciando o taylorismo como um instrumento notável de aumento da exploração do capital sobre os trabalhadores, reconhecia que seus métodos, dissociado da sua função de exploração, racionalizava a produção e, ao aumentar sobremaneira a produtividade, permitia reduzir a jornada de trabalho, entre outros benefícios.[7] Em outras palavras, Lenin reconhecia que o taylorismo constituía um avanço que deveria ser utilizado mesmo em sociedades em transição para o socialismo. Depois de sua morte e sob o domínio de Stalin, a União das Repúblicas Socialistas Soviéticas (URSS) iria desenvolver o *stakhanovismo*, método muito similar ao taylorista.

A produção em massa somente poderia ser alcançada a partir da padronização da produção (dos componentes, das peças e do produto acabado) e, para que isso ocorresse, era condição necessária adequar completamente o PT ao processo de valorização do capital. Foi isso o que a organização científica do trabalho garantiu ao capital. E, como mencionado anteriormente, esse processo, uma vez iniciado, não tem limite.

Ao longo dos anos após a Segunda Guerra Mundial, os princípios tayloristas e fordistas foram aplicados a quase todas as atividades, não ficando restrita à esfera da produção industrial e mesmo às atividades privadas. Atividades ligadas a serviços, bancos e mesmo ao setor público foram organizadas com base em seus ensinamentos.

---

[7] Uma sistematização interessante do pensamento de Lenin sobre o taylorismo pode ser vista em Lazagna (2017).

A automação flexível

Em meados dos anos 1970, tornou-se evidente que a organização taylorista e fordista do trabalho, que havia sustentado a expansão capitalista alcançada nos 30 últimos anos, havia atingido seu limite relativo, o que introduzia problemas no concerto realizado, após o encerramento da Segunda Guerra Mundial, entre Estado, empresas e sindicatos. Esse concerto, que ficou conhecido como Pacto Keynesiano, estava apoiado em ganhos crescentes de produtividade a partir da generalização "consentida" do taylorismo e do fordismo nos ambientes de trabalho, tendo como contrapartida aumentos de salários reais e ampliação da proteção social. Ocorre que, ao final dos anos 1960, nos Estados Unidos, e nos anos 1970, na Europa Ocidental, do ponto de vista técnico, o crescimento da taxa de produtividade se apresentava cada vez menor. Já do ponto de vista social, os percentuais de absenteísmo dos trabalhadores nas segundas e sextas-feiras, em particular na indústria automobilística, era enorme; e o número de peças fora das especificações era crescente (o que exigia retrabalho ou mesmo nova fabricação). Paralelamente a isso, os trabalhadores continuavam na iniciativa da luta de classes, de modo que os salários reais continuavam a aumentar. Aliás, é essa posição favorável dos trabalhadores na relação capital/trabalho que explica o aumento das peças fora do padrão exigido[8] e o alto absenteísmo (Braverman, 1981).

A consequência inevitável de taxas decrescentes de produtividade, num quadro de aumento dos salários reais, foi a queda da taxa de lucro, levando à redução do investimento e à crise econômica. As taxas de crescimento do investimento e do produto, e as taxas de produtividade e de lucro, desde os anos 1960, foram estimadas por vários autores, para importantes países ditos desen-

---

[8] Tal debate é proposto por Braverman. Ele considera que a situação de quase pleno emprego tornou os trabalhadores despreocupados com o aumento das peças fora das especificações, o que exigia retrabalho ou mesmo implicava sua perda total.

volvidos. Entre eles, destaca-se a contribuição de Michel Husson (2010 e 2014),[9] em cujos gráficos fica evidente a relação entre a queda da taxa de produtividade e a da taxa de lucro.

Para fazer frente a essa crise, diversos foram os expedientes utilizados pelos governos, a começar, num primeiro momento, pela adoção de políticas anticíclicas keynesianas (que não lograram relançar a economia). Chesnais (2012) descreve, de maneira suscinta, as sucessivas respostas que foram dadas na tentativa de impedir que uma crise maior ocorresse, o que acabou acontecendo em 2007/2008. Entre as respostas, está a que ficou conhecida por Terceira Revolução Industrial. Sabemos que, ao final, o que prevaleceu foi a desregulamentação generalizada (em todas as esferas econômicas e sociais) e a ascensão do capital portador de juros. Isso já foi tratado no capítulo 2 deste livro. Aqui, interessa destacar aspectos da Terceira Revolução Industrial.

Em primeiro lugar, as mudanças tecnológicas que foram implantadas não afetaram somente a indústria. Ao contrário, todas as atividades, seja na esfera da produção ou da circulação, foram objeto de grandes transformações. Umas mais cedo do que outras, umas de maneira mais intensa do que outras. Tanto é assim que, no lugar de chamar de Terceira Revolução Industrial, melhor seria designar de Revolução Microeletrônica. Em segundo lugar, a microeletrônica, base tecnológica das mudanças que alteraram não só os equipamentos e processos de produção, mas também os sistemas de informação e comunicação, permitiram, do ponto de vista da exploração da força de trabalho, tanto reforçar o PT taylorista/fordista como introduzir novas formas de organização do trabalho. Em terceiro lugar, a produtividade decorrente das mudanças, embora observadas no plano microeconômico, ficaram

---

[9] Husson analisa esses indicadores considerando os Estados Unidos, o Japão, a Aiemanha, a França, o Reino Unido e a Itália, ponderando a participação de cada um de acordo com seu Produto Interno Bruto (PIB).

muitas vezes aquém do potencial e não resultaram em aumento do indicador nacional.

De fato, a microeletrônica adentrou todos os setores econômicos e mesmo os espaços de sociabilidade, familiar ou não. O mundo é outro depois que a técnica mudou da base eletromecânica para a microeletrônica. Tomemos como exemplo a produção de automóveis, carro-chefe da produção em massa do período que se seguiu ao final da Segunda Guerra Mundial. Na linha de produção da indústria automobilística, havia pelo menos quatro pontos/lugares onde a organização fordista encontrava limites: a velocidade máxima da esteira, que era definida pela operação que mais tempo necessitasse para ser feita, a soldagem, a pintura e a ferramentaria. A microeletrônica iria alterar essa situação, substituindo os homens que realizavam as três primeiras operações por "robôs". No caso da ferramentaria, trabalho extremamente qualificado e, por isso, valorizado, máquinas computadorizadas vão, a partir de mudanças na programação, substituir os homens. Na primeira situação, o efeito imediato é o aumento da intensidade do trabalho, dado que foram eliminados os pontos de estrangulamento que se registravam na organização fordista. No segundo caso, o da ferramentaria, ele apenas ilustra a potencialidade do uso da nova base tecnológica na produção seriada que conhecíamos até então.

A automação com base eletromecânica é necessariamente dedicada, isto é, não existem nela elementos que permitam o sistema da máquina alterar seus movimentos ou ações para produzir algo diferente do que estava fazendo. Na melhor das hipóteses, é preciso que o trabalhador ajuste a máquina para que alterações sejam possíveis. Do ponto de vista financeiro, para tomar a decisão de realizar a alteração, é preciso levar em conta o custo da parada da máquina ou da linha de produção e, ainda, considerar a escala da produção sob novos parâmetros. No caso da eletromecânica, a automação é rígida e, portanto, precisa não só ser acionada como realizada pelo trabalhador.

A situação é completamente diferente com a base microeletrônica. Ela possibilitou que equipamentos fossem dotados, em certa medida, de uma capacidade que antes era atributo do homem, a flexibilidade.[10] Produzir sob encomenda[11] não é mais um problema; alterar características do produto em função de mudanças na demanda, tampouco. A programação multifuncional dos equipamentos garante a flexibilidade da produção. Daí o nome automação flexível em oposição à automação dedicada.

A produtividade potencial dos equipamentos com base na microeletrônica é enorme, quando comparada a dos equipamentos anteriores. As empresas (primeiro as grandes empresas), em parte dos anos 1980 e 1990, introduziram em seu aparelho produtivo essa nova tecnologia, com isso substituindo a força de trabalho na busca por redução do custo de produção. De fato, se continuarmos a comparar com a indústria emblemática dos 30 anos gloriosos, verificamos que o número de trabalhadores das plantas nas sedes e filiais pelo mundo inteiro se reduziu,[12] aumentando a produção e, ao mesmo tempo, o que aqui queremos destacar, a capacidade ociosa. Essa indústria, no plano mundial, trabalhava com uma

---

[10] A rigor, todas as máquinas e equipamentos encerram o saber do homem, posto que reproduzem seus gestos e esforços. Mas não ficam nisso, pois podem permanecer em atividade dia e noite.

[11] A produção sob encomenda exige somente níveis muito baixos de estoques, principalmente quando comparados ao período anterior, quando a base técnica não era a microeletrônica. O controle dos estoques é garantido pelo sistema *just in time* que é, evidentemente, fundado na mesma tecnologia. Curiosamente, o *kanban*, que funciona de frente para trás, isto é, do produto final para o estoque da matéria prima ou peças, é simplesmente fundado em um sistema de cartões, que são passados para trás, com isso manifestando a necessidade de reposição do subconjunto, peça ou material.

[12] A diminuição do número de trabalhadores nas plantas ocasionou impactos de toda ordem. Apenas a título de ilustração, lembremos que as cidades operárias do ABC paulista, até o final dos anos 1980, eram formadas essencialmente de metalúrgicos das montadoras de automóveis. Luiz Inácio Lula da Silva, quando então presidente do sindicato dos metalúrgicos, em 1979, precisou realizar assembleia da categoria no estádio de futebol Vila Euclides. Hoje, essas cidades deixaram de ser operárias e os metalúrgicos, antes tão importantes na Central Única dos Trabalhadores (CUT), deram lugar a outras categorias, especialmente a de funcionário público.

capacidade ociosa de 27% em 2016 (Silva, 2016). A ociosidade não é restrita a esse ramo de atividade, como lembra Chesnais (2012 e 2016). Em outras palavras, a adoção dessa nova tecnologia, em um quadro de não resolução da crise (a taxa de lucro não conseguiu recuperar o nível do final dos anos 1960 e o investimento produtivo mantém-se muito baixo, para os países considerados por Michel Husson), foi fator importante na manutenção do desemprego em nível elevado e da ociosidade com que passaram a trabalhar as grandes empresas.

A microeletrônica, além de eliminar os pontos de estrangulamentos que estavam impedindo maior domínio do capital sobre a produção quando da automação dedicada, permitiu, ainda, organizar o trabalho em alguns ramos de forma diferente da anterior. Os pesquisadores da área geralmente associam essa experiência com o "toyotismo", que descrevem como sendo uma automação flexível, munida de *just in time* e de um trabalhador multifuncional. Multifuncional em comparação com o trabalhador fordista da linha de montagem ou do trabalhador organizado sob os princípios fordistas. Recordemos que um dos grandes avanços propostos por Ford, que resultou em gritante aumento de produtividade, foi associar um trabalhador a cada operação. Esse virava "especialista" em apertar um botão, em acoplar uma peça a um subconjunto etc. Agora, ele pode "cuidar", simultaneamente, de algumas máquinas ou equipamentos, que fazem as operações planejadas. Num certo sentido, a automação flexível aproxima a indústria seriada (a que produz em série, base da produção de massa) à indústria de processo contínuo (aquela que produz propriedade,[13] tal como energia nuclear, processos específicos de produção de vidro e aço, no qual não é possível haver manipulação humana). A máquina ou o equipamento, munida do "conhecimento do trabalhador", executa o que nela foi planejado. Ao trabalhador, lhe cabe apenas monitorar os processos, tal como fazem os empregados da indústria

---

[13] No sentido de qualidade.

de processos contínuos. Mas não se trata de um impeditivo físico e sim da incorporação do conhecimento, antes do trabalhador, na máquina, com amplas possibilidades de escolhas, dada que a automação é flexível.

Do ponto de vista do trabalho, o resultado é aparentemente contraditório. É fora de dúvida que a automação flexível permite se produzir em muito menor tempo do que antes e que os avanços em comunicação e informação foram fantásticos. Ocorre que tudo isso é sentido e vivido como aumento da carga de trabalho para aquele relativamente pequeno grupo que manteve seus empregos, e como exclusão por aqueles que foram demitidos ou jogados para engrossar as fileiras dos precarizados. Assim, a produtividade potencial dessa tecnologia – que se acentuará enormemente com a indústria 4.0, a internet das coisas e a IA (objetos do próximo item do capítulo) –, que poderia estar a serviço da libertação do homem com relação ao trabalho, torna-o ainda mais seu prisioneiro, dado que sem trabalho não há renda e, portanto, não há como viver. Essa aparente contradição é a que está posta no modo de produção capitalista, no qual o avanço do conhecimento humano, que se consubstancia em parte em ganhos de produtividade, não pertence aos homens e mulheres em geral e sim aos detentores do capital que têm o poder de organizar a produção visando a valorização do capital. Não há, portanto, nenhuma contradição na verdade. Trata-se de uma decorrência da propriedade privada. A produtividade não pertence aos trabalhadores, e o trabalho (e, no capitalismo, também a sua ausência) é uma maldição. Afinal, no Gênesis, versículos 17 a 19 do Velho Testamento (*Bíblia Sagrada*, 1992, p. 51), temos:

> E disse em seguida ao homem: Porque ouviste a voz de tua mulher e comeste do fruto da árvore que eu te havia proibido comer, maldita seja a terra por tua causa. Tirarás dela com trabalhos penosos o teu sustento todos os dias de tua vida.
> Ela te produzirá espinhos e abrolhos, e tu comerás a erva da terra. Comerás o teu pão com o suor do teu rosto, até que voltes à terra de que foste tirado; porque és pó, e pó te hás de tornar.

A Grande Ruptura

Nos últimos anos, estamos assistindo ao avanço da indústria 4.0, da internet das coisas e da inteligência artificial. Luciano Coutinho[14] defendeu que a indústria 4.0 tem como objetivo prover as máquinas e os equipamentos de sistemas cognitivos para que eles possam enxergar, entender e raciocinar e, assim, gerar e testar hipóteses, e, a partir disso, decidir agir ou não, de uma forma ou outra. Isso seria o que tem sido chamado de *machine learning*, "aprendizado das máquinas". Nessa mesma oportunidade, Coutinho mencionou que a IA tem como objetivo montar sistemas cognitivos e acumular conhecimentos, e que os avanços já estariam ocorrendo no campo do reconhecimento das linguagens (com tradução simultânea) e das imagens (em movimento). A IA permite que máquinas tomem decisão autonomamente, mas para isso é necessário dispor de grandes bases de dados, capacidade de processamento de informações e computação em nuvem. Não por acaso a China está avançada com relação a IA, tendo já disponível uma imensa base de dados relativa ao comportamento humano. Já a internet das coisas, segundo Coutinho (Iedi, 2019, p. 3):

> deve ocorrer em ondas sucessivas de sensorização ou de distribuição em objetos, equipamentos, bens de consumo e, no limite, pessoas, que estarão enfim equipadas ou 'tagueadas' com um pequeno chip emissor de radiofrequência e de identidade, ou com pequeno sistema que, além de emitir identidade, localização etc., será capaz de acumular e processar dados ou de realizar pequenas operações microeletromecânicas.
>
> Teremos diversos tipos de sensores, alguns deles atuadores, com capacidade eletromecânica ou microeletromecânica, distribuídos em toda a frota de veículos e nos sistemas de distribuição de água, de energia e nos sistemas de iluminação pública. Para dar um exemplo mais palpável de projetos que já existem e deveriam estar em curso: a troca de todas as luminárias de uma cidade

---

[14] Em palestra proferida na mesa "O Futuro da Indústria", organizada pelo Instituto de Estudos para o Desenvolvimento Industrial (IEDI), no Encontro Nacional de Economia Industrial e Inovação, em 2017.

como São Paulo por luminárias de *led*, equipadas com pequenos processadores ou sensores que permitiriam otimizar, avisar ao sistema quando a lâmpada está mais fraca; um sensor de temperatura, que faz a luz brilhar com mais intensidade se alguém passa embaixo dela à noite e brilhar menos quando não tem nada para iluminar. Isso significa um potencial de economia de energia de mais de 30% e, obviamente, é um sistema que se autofinancia e se amortiza rapidamente.

Em relação à indústria 4.0, o que estaria em jogo não é só a integração do sistema produtivo como um todo, por meio da internet (o que já é um avanço enorme), mas também a integração dele com o consumidor. David Kupfer (Iedi, 2019, p. 15), em palestra conferida no III Encontro Nacional de Economia Industrial e Inovação, realizada em 18 de setembro de 2018, chama atenção para o caráter disruptivo do que está em curso na indústria e explica que isso não decorre de uma nova tecnologia e sim da convergência do uso de inovações pré-existentes. Apesar de longa, a citação é esclarecedora:

> A integração entre o real e o virtual foi chamada de sistema *cyber*-físico, a comunicação entre máquinas e a interconexão dos processos decisórios dos sistemas de gestão. São esses muitos dos conhecimentos e das tecnologias ligadas ao mundo digital, que foram convergindo, cooperando, para criar essas condições que, por sua vez, transformam pesadamente as rotinas de produção que são praticadas no meio industrial.
>
> [...] [O] caráter disruptivo não tem nada a ver com a radicalidade das inovações envolvidas. Toda essa transformação digital produzirá descontinuidades, não porque há inovações radicais envolvidas nisso, mas porque são as tecnologias emergentes, que já estão em *pipelines*, que já foram introduzidas, já estão em difusão – algumas há 10 anos, algumas há 20 anos – que, ao trabalharem de forma convergente, reestruturam sistemas produtivos, contestam posições de mercado, deslocam líderes e abrem espaço para novas empresas. Elas transformam fundamentalmente a organização industrial e a economia industrial, muito mais do que os processos propriamente ditos. Ela é disruptiva porque transforma os determinantes da competitividade e, portanto, é um fenômeno muito mais econômico e social do que científico e tecnológico.

Dessa forma, a grande novidade reside na integração das distintas tecnologias já existentes e no fato de seu uso resultar em soluções distintas daquelas que prevaleciam até então. São essas características que definem a indústria 4.0. Trata-se, portanto, concordando com Kupfer, quando se debruça sobre a indústria 4.0, de algo no campo da organização industrial, muito embora esteja estreitando a relação entre a produção e o consumo. No caso da IA, algo de novo está sendo gestado. A concessão de autonomia ao equipamento no processo decisório é algo qualitativamente diferente do que vimos até agora. Seu significado e seus impactos, não somente econômicos e sociais, mas também na subjetividade humana, são questões que deverão ser objeto de muita discussão e aprofundamento no futuro, na medida em que avanços ocorrerem em seu campo.

Os resultados esperados da indústria 4.0 são múltiplos: redução de custo de toda ordem (de energia, da parada técnica, dos equipamentos, enfim, dos custos de produção), aumento da flexibilidade dos processos produtivos, aumento da produtividade, redução da escala, aproximação ao consumidor, entre outros. Fuchs (2018, p. 283), ao analisar a indústria 4.0 na perspectiva da Alemanha, faz uma interessante observação: "A indústria 4.0 é expressão da esperança estratégica dos interesses do capital alemão de que a alta taxa de lucro do setor digital possa ser transferida para o setor de manufatura e que, assim, a queda e a contração da taxa de lucro geral possam ser superadas" (tradução nossa).[15] Mais adiante, analisa os efeitos da indústria 4.0 para os trabalhadores:

> Mas, dado o imperativo capitalista de aumentar o lucro, há interesse material do capital em reduzir os custos do trabalho e tornar os humanos uma engrenagem controlável em uma máquina (digital), de modo que o resultado mais provável da automação baseada na indústria 4.0 sob condições capitalistas é um aumento do desem-

---

[15] "Industry 4.0 is an expression of German capital interests' strategic hope that the digital sector's high profit rate can be transferred to the manufacturing sector and that thereby the general profit rate's fall and squeeze can be overcome".

prego induzido pela tecnologia e a perda de controle do homem sobre os meios de produção, de modo que as máquinas digitais atuem como meios pelos quais o capital controla e monitora os trabalhadores e tenta limitar a autonomia do trabalho e o poder de decisão no processo de produção.[16] (2018, p. 284, tradução nossa)

De maneira geral, a OECD considera que:

A próxima revolução de produção (PRO) envolve uma confluência de tecnologias que vão desde uma variedade de tecnologias (por exemplo, impressão 3D, Internet das coisas (IC) e robótica avançada) para novos materiais (por exemplo, baseados em componentes bio ou nano) para novos processos (por exemplo, produção baseada em dados, inteligência artificial (IA) e biologia sintética). Algumas dessas tecnologias já são utilizadas na produção, enquanto outras estarão disponíveis em um futuro próximo. Como essas tecnologias transformam a produção e a distribuição de bens e serviços, elas terão consequências de longo alcance para a produtividade, habilidades, distribuição de renda, bem-estar e meio ambiente. Todas essas tecnologias estão evoluindo rapidamente.[17] (2017, p. 4, tradução nossa)

Parece não haver dúvida de que estamos vivenciando uma grande mudança, que afetará profundamente os ambientes de

---

[16] "But given the capitalist imperative to increase profit, there is capital's material interest to reduce labour costs and make humans a controllable cog in a (digital) machine, so that the most likely outcome of industry 4.0-based automation under capitalist conditions are an increase of technologically-induced unemployment and the human loss of control over the means of production so that digital machines act as means by which capital controls and monitors workers and tries to limit labour's autonomy and decision-power in the production process".

[17] The next production revolution (NPR) entails a confluence of technologies ranging from a variety of digital technologies (e.g. 3D printing, the Internet of Things [IoT] and advanced robotics) to new materials (e.g. bio- or nano-based) to new processes (e.g. data-driven production, artificial intelligence [AI] and synthetic biology). Some of these technologies are already used in production, while others will be available in the near future. As these technologies transform the production and the distribution of goods and services, they will have farreaching consequences for productivity, skills, income distribution, well-being and the environment. All of these technologies are evolving rapidly.

trabalho e mesmo as demais atividades humanas. O processo está em curso e seus impactos econômicos e sociais serão conhecidos na medida em que avançar a indústria 4.0, a internet das coisas e a inteligência artificial. Segundo a OECD (2007, p. 6), os efeitos serão sentidos ao longo dos próximos 10 a 15 anos.

Durante 2020 e 2021, enquanto os países se defrontavam com a segunda onda da Covid-19 e com mutações mais contagiosas do Sars-Cov-2, o avanço dessas tecnologias e mesmo o uso delas em soluções já conhecidas de sistemas de informação e comunicação se aceleraram sobremaneira. De um lado, ocorreu o isolamento social que favoreceu a superação de certos receios ou hábitos, aumentando significativamente o uso da *internet banking* entre pessoas idosas; de outro, pelo mesmo motivo, cresceu expressivamente as compras *on-line*. Nesses dois casos, trata-se de uma mudança comportamental imposta pelas circunstâncias. Mesmo considerando que o relaxamento das medidas de proteção tenha aumentado a presença física em agências bancárias e no comércio de rua e *shopping*, parte do "novo hábito" veio para ficar em parcela importante da população.

Em junho de 2020, pesquisa realizada pela Capgemini e Efma, em 11 países, mostrou que 57% das pessoas preferiam usar *internet banking*, sendo que, antes do isolamento social, esse percentual era de 49%. O percentual de pessoas que usam aplicativos das instituições financeiras aumentou de 47% para 55% (Abras, 2020). A Federação Brasileira de Bancos (Febraban, 2020) destaca, por sua vez, para o Brasil, em pesquisa divulgada em dezembro, que 58% dos correntistas passaram a utilizar mais o atendimento digital[18] dos bancos. Entre as pessoas de 60 anos ou mais, segmento que comparado aos jovens aumentou menos, 46% declararam ter feito mais uso do *internet banking*. No caso do Brasil, também ocorreu aumento da inclusão bancária, dadas as condições exigidas para o recebimento do auxílio emergencial.

---

[18] A pesquisa não contemplou nenhum quesito relativo a "uso pela primeira vez".

Segundo pesquisa realizada pela Mastercard e Americas Market Intelligence, houve "banquerização" de 40 milhões de brasileiros durante 2020. De maio a setembro, houve uma redução de 73% da população que não tinha acesso aos serviços bancários (E-Commercebrasil, 2020).

Quanto às compras *on-line*, essa última pesquisa, que foi realizada em 13 países da América Latina e do Caribe (Argentina, Brasil, Chile, Costa Rica, Colômbia, República Dominicana, Equador, Guatemala, México, Panamá, Peru, Porto Rico e Jamaica), revelou que houve aumento do *e-commerce*. No Brasil, 46% dos brasileiros aumentaram o volume de compras e 7% compraram pela primeira vez via internet. O estudo revelou, ainda, que 57% dos consumidores brasileiros estão usando menos dinheiro por conta da Covid-19, sendo que 38% reduziram seu uso em pelo menos 20%. Também houve alteração na forma como as pessoas utilizam os serviços financeiros. Antes da pandemia, 44% recorriam aos caixas eletrônicos para acessarem suas contas ou realizarem transações; com a pandemia, esse percentual caiu para 27%. Entre aqueles que utilizavam os caixas eletrônicos disponíveis em agências bancárias, houve redução de 17 pontos percentuais (de 27% para 10%). Essas informações indicam que o processo de transformação dos bancos físicos em digitais não terá um caminho tão longo para trilhar como antes da pandemia se imaginava (Simões, 2020).

Além da mudança de hábitos e da superação de resistências quanto ao uso da tecnologia por parte da população, houve aceleramento de sua aplicação em diversas atividades. Talvez o caso mais emblemático seja o das faculdades particulares do Estado de São Paulo, cuja concentração ocorre na cidade de mesmo nome. Aproveitando-se do fato de as aulas poderem ser realizadas *on-line*, enquanto as condições sanitárias impedissem as atividades presenciais, diversos estabelecimentos de ensino superior demitiram em massa professores e juntaram os alunos em uma mesma classe virtual (Vieira, 2020). A matéria aqui referenciada fala de classes de 180 alunos, mas conhecemos casos de disciplinas com mais de 400 alunos, fruto da junção de classes de vários *campi*. Evidentemente que, nessas condições, as aulas viraram um monólogo, sem nenhuma interação aluno/professor e, portanto, distanciando-se completamente daquilo que se entende como ensino. Além disso, a carga de trabalho do(a) professor(a) elevou-se sobremaneira, tanto pela quantidade de atividades e provas que se tinha que corrigir, como devido à exigência de estar a postos para responder questões enviadas pelos alunos pela plataforma utilizada pela instituição. No lugar do conhecimento construído na interação presencial professor/aluno, o *chat*, acionado principalmente um dia antes das provas.

O *home office*, utilizado durante o isolamento social pelas empresas cujas atividades permitiam seu uso, também veio para ficar, pelo menos em parte. São inúmeros os artigos que já trataram dessa questão. Registramos aqui, apenas para lembrar, que essa modalidade de trabalho, além de reduzir os custos para o empregador (de energia elétrica; de água; de pagamento do transporte e da alimentação do empregado, quando devido; de manutenção com equipamentos como computador; de papel, entre outros), impede a sociabilidade dos trabalhadores, dificulta sua organização para reivindicar algo na sua empresa ou junto a sua categoria e torna difusa a separação das atividades e exigências decorrentes do convívio familiar e do vínculo trabalhista. Esse último aspecto, que tem efeito inclusive sobre a saúde mental, é porta de entrada para que o trabalhador permaneça à disposição do empregador em tempo muito superior ao de sua jornada de trabalho.

Em 15 de julho, a Companhia do Metropolitano de São Paulo – Metrô anunciou que tornaria permanente o *home office* de cerca de 600 funcionários de áreas como recursos humanos, comunicação, contabilidade, planejamento, jurídico, infraestrutura e contratos. Com isso, a empresa irá fechar 3 prédios, desocupando uma área de 13 mil m² e obtendo uma redução de gasto anual de aproximadamente R$ 9 milhões (Grazini, 2020). No Brasil, o próprio governo federal registrou queda significativa de custos devido ao isolamento social e à adoção do *home office* para várias atividades. Além da forte diminuição do gasto com viagens e diárias que, em parte, foram substituídas por reuniões virtuais, houve redução de material de expediente, material de consumo, locação de imóveis, entre outros itens (Barbosa, 2020). Certamente a opção do *home office*, mesmo que parcial, será incentivada no serviço público depois da pandemia.

Por último, há que lembrar que o aceleramento dos novos usos das tecnologias na pandemia (aqui referidos com o nome de indústria 4.0) está propiciando, em todos os países, em alguns de forma mais rápida do que em outros, uma profunda reestruturação. Como já mencionado, seu avanço redefine fundamentalmente a organização industrial, mas seus impactos não se restringem a ela. Do ponto de vista geográfico, filiais de grandes empresas têm suas atividades encerradas e outras são iniciadas em outros países (organizadas em outros moldes ou padrão, evidentemente).

Resta saber se o aumento da produtividade prometido pelas novas tecnologias, algumas ainda em desenvolvimento, terá como efeito reverter a trajetória descente da produtividade total das economias, isto é, se seu potencial terá concretude. Enquanto isso não acontece, vemos que o resultado da reestruturação, que apenas está em seu início, é o aumento da demissão dos trabalhadores que ainda tinham empregos junto ao mercado de trabalho formal. A contradição do que estamos vivendo é que as tecnologias disponíveis, caso fossem um bem comum e não uma propriedade de poucos e usada como meio de valorização do capital, permitiria garantir a produção necessária para o atendimento das necessidades humanas e a redução substantiva da jornada de trabalho, tal como dissemos ao final do capítulo 5 deste livro. Por esses motivos, consideramos que, no campo de possibilidades, a indústria 4.0, a internet das coisas e a inteligência artificial implicam uma grande ruptura no mercado de trabalho.

CAPÍTULO 7
A pandemia e o meio ambiente

Seria a experiência da pandemia suficientemente forte para mudar, de forma duradoura, os hábitos consumistas das pessoas? Poderiam as evidências de melhora no meio ambiente devido à paralisação das atividades econômicas e sociais estimular e sinalizar uma alteração da relação homem/natureza? Para problematizarmos essas questões, resgatamos o lugar do consumo no capitalismo e os fundamentos que determinam que essa relação seja predatória, independentemente da vontade individual dos homens. Tratamos, ainda, da perspectiva do desenvolvimento sustentável e das propostas de reordenação do modo de produção e consumo do Bem Viver e do Ecossocialismo. Essas propostas se situam no polo radical do tratamento da questão do meio ambiente e têm como pressuposto uma mudança completa da sociedade humana.

O consumo e a natureza na pandemia

No início da pandemia, quando o isolamento social se impôs na maioria dos países, paralisando a maior parte das atividades econômicas e sociais, destacaram-se entre os assuntos divulgados e discutidos na mídia e nas redes sociais a queda do consumo e a mudança sensível que se verificava na qualidade do ar, das águas e na presença de animais silvestres em lugares onde eles não mais se faziam presentes. Além das manifestações de admiração com relação a esses eventos, analistas de todos os tipos e formação passaram a escrever e a participar de inúmeras *lives*, debatendo se as alterações de comportamento com relação ao consumo seriam algo duradouro, que continuariam no pós-pandemia, e se o que estava sendo observado no meio ambiente e na natureza constituiria base suficientemente forte para que os países promovessem iniciativas que resultassem em mudança significativa da relação sociedade e natureza.

De fato, o consumo das famílias se reduziu drasticamente num primeiro momento em todos os países, com exceção de alimentação, bebidas e medicamentos. Essa redução foi tão forte que organismos internacionais rapidamente revisaram, para baixo, suas estimativas de produção mundial (Lawder e Shalal, 2020). Com o passar do tempo, no entanto, observou-se um incremento no consumo de outros itens e mesmo uma recuperação e expansão do consumo de determinados segmentos da população. Para a retomada do consumo de eletrodomésticos, de demais produtos para casa, de materiais de construção, de equipamentos de informática, entre outros, foi essencial a ampliação das compras via internet.

No Brasil, por exemplo, no primeiro semestre de 2020, o faturamento das lojas *on-line* foi 47% superior ao de igual período do ano anterior. Essa expansão foi a maior já realizada em 20 anos.[1] Ao mesmo tempo, houve expansão significativa do número de empresas que passaram também a desenvolver vendas por internet. O crescimento da comercialização *on-lin*e e a incorporação expressiva de novas empresas nessa modalidade de atendimento foram sentidos em vários países do mundo. As medidas de garantia de renda, direcionadas a certos segmentos da população com vista a minimizar o impacto da recessão provocada pela Covid-19, também foram determinantes para a expansão do consumo de certos tipos de produtos. No país, um dos reflexos da concessão do auxílio emergencial foi o aumento das compras de material de construção, dado que grande parte da população beneficiária está entre aquela que constrói, amplia e reforma sua própria casa. Já os setores classificados como de classe média (de média a alta), registraram aumento de sua poupança e manutenção

---

[1] Para maiores detalhes ver https://g1.globo.com/economia/tecnologia/noticia/2020/08/28/faturamento-de-lojas-online-no-brasil-cresce-47-por-cento-no-1o-semestre-de-2020-maior-alta-em-20-anos.ghtml

do patrimônio, pois as viagens aéreas, a permanência em hotéis e a frequência a restaurantes sofreram redução substantiva, mesmo quando os protocolos de isolamento foram relaxados.

Para além desses comportamentos de consumo, é preciso analisar se é possível que algum deles possa se consolidar como verdadeiras mudanças de hábitos, de modo a tornar a relação das pessoas com o consumo algo diferente do que se estabelecia antes da chegada da Covid-19. O simples cogitar dessa possibilidade encerra um equívoco, ao ter como pressuposto que a relação das pessoas com o consumo é fruto de sua vontade, de uma opção consciente dos indivíduos. A rigor, o consumo exacerbado, um dos traços do capitalismo contemporâneo, é um dos pilares mais importantes da sustentação da reprodução ampliada do capital. Produzir cada vez mais, e a taxas de lucros adequadas, só é viável se for garantida a constante ampliação do consumo. O consumo em massa e crescente se consolidou no século XX como a contrapartida necessária da produção em massa alcançada pela introdução dos métodos tayloristas e fordistas na organização do trabalho. Na época, os aumentos reais de salários e o crédito ao consumidor foram importantes mecanismos que permitiram a expansão do consumo. A isso se seguiram várias estratégias utilizadas pelas empresas: o encurtamento planejado da vida útil dos produtos, a associação de produtos a sucesso e outros valores, a obsolescência tecnológica, a segmentação do mercado (tanto de renda como de faixa etária), entre outras. Acima disso tudo, porém, o que realmente garantiu o lugar vitalício do consumo na sociedade atual foi ter feito dele valor e norma de conduta, de modo que somente nos sentimos vivos e felizes se estamos constantemente comprando bens. Comprar para possuir algo e, logo depois, sair a comprar novamente, tal como um adicto qualquer.

Bauman (2008, p. 41) diz que "o 'consumismo' chega quando o consumo assume o papel-chave que, na sociedade de produtores, era exercido pelo trabalho. [...] o *consumismo* é um atributo da sociedade". Dessa maneira, dada a importância do consumo na reprodução do capital e o fato de ele ter sido alçado à norma de conduta, entendemos que é fora de propósito imaginar que seja possível, no quadro do capitalismo e a partir da experiência do isolamento social provocado pela Covid-19, estabelecer outra relação com o ato de comprar. Isso não quer dizer que pessoas ou grupos de pessoas não consigam reduzir o consumo, buscando formas alternativas de viver. Mas mesmo essas são limitadas, pois não há como fugir totalmente das determinações da sociedade em que vivemos.

O consumismo, associado aos processos de produção dominantes (com a preferência por determinadas tecnologias e o uso de certos materiais e fontes de energia) e ao tipo de transporte preferencial adotado no mundo, é completamente predatório da natureza. Por isso, não foram poucos os que se maravilharam quando, durante os primeiros meses da pandemia, vários sinais de melhora do meio ambiente se fizeram presentes e animais voltaram a ocupar espaços antes de uso exclusivo dos humanos. Krenak (2020, p. 7), ao refletir sobre a situação em que se encontrava a humanidade sob a pandemia e sobre a relação do homem com a natureza no mundo capitalista, afirma:

> O melão-de-são-caetano continua a crescer aqui do lado de casa. A natureza segue. O vírus não mata pássaros, ursos, nenhum outro ser, apenas humanos. Quem está em pânico são os povos humanos e seu mundo artificial, seu modo de funcionamento que entrou em crise.

Sobre isso, escrevem Marques e Depieri:

> Quando o mundo parou, as águas de Veneza estavam cristalinas novamente após 60 anos, as montanhas do Himalaia eram visíveis, tartarugas gigantes voltaram às praias da Flórida e da Tailândia para colocar seus ovos e javalis foram vistos nas ruas de Barcelona. São inúmeros os exemplos de como 'a natureza acompanhou a sua vida', de como foi ocupando os espaços vazios deixados pelas pessoas (e seu modo de vida e produção) durante o tempo de isolamento social. Sabemos, porém, que as ações dos homens, movidos pelos ditames da lógica capitalista, estão colocando em risco a natureza e,

consequentemente, a própria existência humana. O produtivismo e seu complemento inevitável, o consumismo, assim como o uso inadequado de materiais e processos que buscam uma produtividade que garanta, pelo menos momentaneamente, um lucro adicional em relação aos seus concorrentes, produzem efeitos devastadores e cumulativos sobre o aquecimento global. Poucos se atrevem a discutir os dados dessa realidade.[2] (2020, no prelo, tradução nossa)

Durante a pandemia, não foram poucas as pessoas que se deram conta de que é possível viver consumindo menos e que manifestaram o desejo de pressionar para que os produtos tenham maior durabilidade; da mesma forma, especialmente em cidades em que a topografia favorece, não foram poucos os que redescobriram a "superioridade" da bicicleta e do caminhar em trajetos curtos sobre o transporte individual e mesmo coletivo movidos por energia fóssil; e, por último, também foram dignos de nota, os chamamentos a que se priorizasse comprar perto de seus locais de moradia e trabalho, principalmente de pequenos negócios e produtores, tanto para apoiá-los durante a crise, como para diminuir a emissão de dióxido de carbono.

É possível que, tal como mencionado anteriormente, pessoas ou grupo de pessoas mantenham esse tipo de atitude. Contudo, para que essa postura tenha incidência sobre o modo de produzir

---

[2] Cuando el mundo se detuvo, las aguas de Venecia volvieron a ser cristalinas luego de 60 años, las montañas del Himalaya fueron visibles, las tortugas gigantes volvieron a las playas de la Florida y de Tailandia para depositar sus huevos y los jabalíes fueron vistos en las calles de Barcelona. Son incontables los ejemplos de cómo "la naturaleza siguió su vida", de como ella fue ocupando los espacios vacíos dejados por las personas (y su modo de vida y de producción) durante el tiempo del aislamiento social. Sabemos, no obstante, que las acciones de los hombres, movidas por los dictámenes de la lógica capitalista, están colocando en riesgo la naturaleza y, en consecuencia, la propia existencia humana. El productivismo y su inexorable complemento, el consumismo, así como el uso inadecuado de materiales y de procesos que buscan una productividad que garantice, por lo menos momentáneamente, un lucro adicional con relación a sus competidores, producen efectos devastadores y acumulativos sobre el calentamiento global. Pocos se atreven a discutir los datos de esa realidad.

e viver de nossa sociedade, é preciso superar os limites de uma experiência individual e fazer disso um movimento que expresse o desejo de um segmento representativo da sociedade em mudar radicalmente os determinantes da relação do homem com a natureza que vigem no capitalismo. Mas é condição para que um movimento seja forjado de forma expressiva e com capilaridade na sociedade, que as pessoas se organizem em toda parte e em todos os níveis. Nos bairros, nos locais de trabalho, nos movimentos, nos sindicatos, nos partidos; e mediante os mecanismos de representação que existirem em seus países. Esse não é um desafio banal.

A ausência desse movimento estruturado e significativo não impede, contudo, que avanços sejam observados com relação a um consumo mais consciente e mesmo na fabricação de produtos menos agressivos ao meio ambiente. Disso, há exemplos de toda a ordem, tais como a criação de ciclovias e a interdição de carros no centro expandido de várias cidades; o protocolo de banimento (Montreal – 1987 conta, hoje, com a adesão de 197 países) do uso do clorofluorcarbono na refrigeração; a proibição do uso de sacolas de plástico adotadas em várias cidades do mundo; a instituição de uma data-limite para produção de automóveis movidos a energia fóssil, por países como Alemanha, Reino Unido e Japão. Essas são apenas algumas das várias iniciativas que já foram realizadas e, sem sombra de dúvida, todas são importantes.

Desenvolvimento sustentável e *status quo*

Na esfera científica e acadêmica, a discussão sobre a urgência da questão sobre o meio ambiente teve início nos anos 1970, impulsionada pelos estudos dos efeitos do Dicloro-Difenil-Tricloroetano (DDT)[3] sobre animais e homens e do relatório do Clube de Roma, Limites do Crescimento, de 1972.[4] Também já faz algum tempo

---

3   Divulgados por Rachel Carson em 1962.

4   O Clube de Roma tem origem na iniciativa do então presidente da Fiat, Aurelio Peccei, e do cientista escocês Alexander King, que promoveram

que a questão do meio ambiente está na agenda de debate entre países, resultando no Protocolo de Kyoto (1997) e no Acordo de Paris (2015).[5] Apesar disso, os cientistas do mundo inteiro são incansáveis em afirmar que a situação do meio ambiente só tem piorado e que o aquecimento global já está ocasionando eventos extremos em todos os cantos do planeta, com destaque para o derretimento da Antártida.

Souza e Corazza (2017, p. 52) nos lembram que as mudanças climáticas fazem parte daquilo que coloca a humanidade diante das fronteiras planetárias e que esse termo foi "proposto por Rockström *et al.* (2009) para compreender a problemática ambiental contemporânea numa perspectiva sistêmica, no sentido das interações entre os sistemas naturais e antrópicos". Os desdobramentos dessas mudanças podem "incorrer em irreversibilidade de danos tanto para os sistemas socioeconômicos quanto para os sistemas terrestres". Esse é o pano de fundo sobre o qual tratamos, a seguir, as principais abordagens sobre o meio ambiente que dominam as discussões presentes na mídia, nas redes sociais e mesmo na academia.

A incorporação da pauta do meio ambiente deu nascimento à expressão "desenvolvimento sustentável", indicando produção e circulação de mercadorias, e mesmo realização das demais atividades da reprodução social, que não agredissem a natureza, isto é, que não exaurissem suas qualidades e potencialidades. Dessa forma, estaria garantida sua recuperação e, portanto, o uso dela

---

uma reunião com personalidades da época, em Roma. Daí o nome Clube de Roma. Em 1972, esse grupo pediu a cientistas do Instituto de Tecnologia de Massachusetts, liderados por Dennis e Donella Meadows, para elaborar um estudo sobre a interação do homem com o meio ambiente, levando em conta o aumento populacional e o uso dos recursos naturais. Esse relatório, publicado em livro, foi dos mais vendidos da história. Uma de suas principais conclusões foi a de que o planeta não suportaria o crescimento econômico e populacional ilimitado com base em recursos naturais finitos.

[5] As Nações Unidas (ONU) realizaram sua primeira Conferência Mundial sobre o Homem e o Meio Ambiente em 1972.

pelas gerações futuras. A premissa de que sustentabilidade implica o não comprometimento do uso da natureza pelas gerações futuras apareceu, pela primeira vez, no Relatório Brundtland, de 1987, também conhecido como *Nosso futuro comum*. A apresentação deste relatório encerrou os trabalhos da Comissão Mundial sobre Meio Ambiente e Desenvolvimento, que havia sido instituída, em 1983, como comissão independente, pelo então secretário-geral da ONU, Javier Pérez de Cuéllar. A partir desse momento, a ideia de desenvolvimento sustentável foi rapidamente assumida ou incorporada ao discurso de governos, de empresários e mesmo de ambientalistas. No caso das empresas, sua atividade seria regida pelo desenvolvimento sustentável se, ao mesmo tempo, produzisse lucros, e fosse socialmente justa e ambientalmente correta. Desse modo, o desenvolvimento sustentável adotado estaria garantindo a prosperidade econômica, a qualidade ambiental e a justiça social.

Enrique Leff, um dos mais destacados estudiosos latino-americanos da questão ambiental, é bastante crítico ao uso dessa expressão, apontando que não há "uma justificativa rigorosa da capacidade do sistema econômico de internalizar as condições ecológicas e sociais (de sustentabilidade, equidade, justiça e democracia) deste processo" (Leff, 2001, p. 19). Ainda segundo ele (2001, p. 20):

> a ambivalência do discurso da sustentabilidade surge da polissemia do termo *sustainability*, que integra dois significados: um, que se traduz em castelhano como *sustentable*, que implica a internalização das condições ecológicas de suporte do processo econômico; outro, que aduz a durabilidade do próprio processo econômico. Neste sentido, a sustentabilidade ecológica constitui uma condição da sustentabilidade do processo econômico.
>
> Todavia, o discurso da sustentabilidade chegou a afirmar o propósito e a possibilidade de conseguir um crescimento econômico sustentado através dos mecanismos do mercado, sem justificar sua capacidade de internalizar as condições de sustentabilidade ecológica, nem de resolver a tradução dos diversos processos que constituem o ambiente (tempos ecológicos de produtividade e regeneração da natureza, valores culturais e humanos, critérios

qualitativos que definem a qualidade de vida) em valores e medições do mercado.

De fato, as críticas desse autor são muito justificáveis, pois o desenvolvimento sustentável tem como pressuposto a possibilidade de a reprodução do capital ser conciliável com a necessária ação reparadora da crise ambiental que vivemos. Essa conciliação não tem, contudo, onde se apoiar. É preciso lembrar que o modo de produção capitalista, fundado na apropriação de mais valor criado pelo trabalhado assalariado, reproduz-se como sistema organizador de todos os aspectos da vida em sociedade independentemente da ação consciente ou autônoma dos indivíduos. No plano do capitalista individual, esse é impulsionado pela busca constante de diferencial com relação a seus concorrentes, via aumento da produtividade. Podemos dizer que o capitalismo, ao contrário dos outros modos de produção, tem em seu DNA a produtividade. Nele, ela não é fortuita, fruto do acaso ou da iniciativa de indivíduos isolados e industriosos. Ela está inscrita em seu modo de ser. Nesta busca incessante, que se consubstancia em redução do custo unitário da mercadoria (e daí o capitalista individual, pelo menos por um certo tempo, obtém um lucro extraordinário em relação a seu concorrente, dado que vende ao preço deste último), não importa o método adotado, ou mesmo se a utilização processos, materiais e insumos é ecologicamente adequada ou não.

A principal contradição encerrada no desenvolvimento sustentado é ocultar que no capitalismo a reprodução é necessariamente ampliada, isto é, trata-se de produzir cada vez mais. Como vimos anteriormente, essa característica do modo de agir inconsciente do capital teve como contrapartida alçar o consumo a uma razão de existir dos indivíduos. No capitalismo, o valor de uso, embora intrínseco à mercadoria, é rapidamente esquecido depois de efetuada a compra, ou superado por um valor de uso pretensamente superior que lhe é acenado via propaganda incessante de lançamento de novos produtos ou sob a forma de atualizações, por exemplo. Se assim não fosse, não haveria razão de comprar algo para substituir aquilo que está funcionando, que continua a atender as necessidades que foram motivo da primeira compra. Nesse processo, além da planejada incompatibilidade entre componentes e acessórios de um produto, estratégia adotada por diversas empresas, especialmente na área de informática e de aparelhos de reprodução de som e imagem, há deliberadamente um esforço por parte das empresas em "criar" necessidades. Isso é um dos produtos mais evidente da propaganda.

Frente a essas determinações do modo de produção capitalista – produzir e consumir cada vez mais, e produzir ao menor custo não importando o meio –, não há como conciliar o capitalismo com a natureza. Não se trata de simplesmente substituir processos e materiais claramente antiecológicos por outros mais amigáveis com relação à natureza. Seria necessário subverter toda a lógica que embasa a produção de mercadorias de nossa sociedade. No lugar do lucro, produzir para atender tão somente as necessidades humanas, definidas em comum pela sociedade. Esse tipo de abordagem é mais bem visto na parte seguinte do presente capítulo, relativa à proposta do Bem Viver e do Ecossocialismo.

De toda forma, na impossibilidade do capitalismo se reproduzir de forma sustentável, as iniciativas governamentais de regulação de certas atividades, processos e usos de materiais e insumos (em grande medida resultado de lutas concretas desenvolvidas por comunidades ou movimentos), embora importantes, são limitadas e não impedem que a deterioração do meio ambiente avance. Algumas dessas iniciativas têm como base a precificação de processos que degradam o meio ambiente. A mais conhecida delas é a comercialização de créditos de carbono,[6] que funciona,

---

[6] O comércio dos créditos de carbono constitui um desdobramento do acordado entre os signatários do Protocolo de Kyoto, que estabeleceu que os países desenvolvidos deveriam reduzir, no período entre 2008 e 2012, 5,2% (em média) das emissões de gases do efeito estufa em relação aos níveis de 1990.

de maneira geral, por meio de vendas e compras de crédito de carbono. Um país ou uma empresa que realize emissões de poluentes abaixo de suas metas pode vender esses créditos a países ou empresas que poluam mais do que o acordado. A aplicação de multas também está inserida na ideia de mensurar, em valores monetários, as poluições e os desastres ambientais. No Brasil, as empresas Samarco e Vale foram responsáveis por dois dos piores desastres ambientais ocorridos no país, os quais causaram inúmeras mortes e prejuízo ambiental para as águas dos rios Doce e Paraopeba e para a fauna e a flora local. As duas empresas arcaram com indenizações financeiras às famílias dos mortos e multas ao poder público. Outro exemplo, que pode ser incluído nessa mesma lógica, é o da atuação da Faber-Castell. A empresa faz replantios de mudas como forma de compensar o impacto na absorção de gás carbônico das árvores que derruba para a produção de lápis.

As críticas a essas iniciativas se pautam no fato de que esses processos têm somente como preocupação atuar sobre os custos das empresas, uma vez que essas não deixarão de perseguir o seu principal objetivo, que é o de gerar lucros e, por isso, não necessariamente tomarão medidas efetivas para não degradar o meio ambiente. No caso da comercialização dos créditos de carbono, caso não compense financeiramente para as empresas investir em energia limpa, simplesmente elas continuarão a comprar créditos de carbono para continuar a produzir tal como antes.[7] As tragédias da Samarco e da Vale poderiam ter sido evitadas se as empresas tivessem investido em maior segurança de suas barragens, o que elevaria os custos das empresas. Ex-funcionários da Vale chegaram a denunciar na imprensa que a empresa conhecia os riscos de desabamento das barragens, mas nada havia sido feito.

---

[7] A princípio, se as metas dos países fossem atingidas, esse movimento via mercado das empresas não atrapalharia os objetivos do Protocolo. Contudo, sabe-se que nem todos os países aderiram a ele (EUA, por exemplo) e outros mesmos dele saíram.

Esses casos escancaram a lógica totalizante do capital, na qual a natureza e a vida humana são excluídas da finalidade do processo, no máximo funcionando como instrumentos para a reprodução capitalista. O capitalismo, já na fase de sua acumulação primitiva, deixava muito claro seu desprezo pela natureza e pela vida, sendo incontáveis os exemplos ocorridos no período da colonização sofrida pelos povos originários da América Latina, por exemplo. No Brasil, atualmente, a busca por novos espaços para exploração (seja para a mineração, seja para a expansão da agropecuária) continua a reproduzir a mesma lógica em relação aos indígenas e quilombolas, que constituem obstáculo para a ampliação da ação do capital. A construção da barragem de Belo Monte e o descaso com relação à preservação da Amazônia[8] e do bioma do Pantanal são outros exemplos da imposição dos interesses do capital sobre as comunidades e a natureza. A recente cotização da água na Bolsa de Nova Iorque, tornando-a um ativo financeiro objeto de especulação, constitui o mais alto nível de apropriação privada de um bem essencial para a vida que, sob todos os pontos de vista, tem as características de um bem comum.

Em meio à pandemia, mais exatamente em abril de 2020, a cidade de Amsterdã anunciou a adoção da economia circular como forma de organização de suas atividades econômicas. O objetivo é tornar plena a economia circular na cidade até 2050. Segundo o Parlamento Europeu,

> a economia circular é um modelo de produção e de consumo que envolve a partilha, a reutilização, a reparação e a reciclagem de materiais e produtos existentes, alargando o ciclo de vida dos mesmos. Na prática, a economia circular implica a redução do desperdício ao mínimo. Quando um produto chega ao fim do seu ciclo de vida, os seus materiais são mantidos dentro da economia sempre

---

[8] Para um detalhamento da política do governo de Jair Bolsonaro com relação à Amazônia, com destaque para o aparelhamento dos órgãos do Ministério do Meio Ambiente e dos setores de atividade interessados na região, ver Melo e Aquino (2020).

> que possível, podendo ser utilizados uma e outra vez, criando assim mais valor. (2018, *on-line*)

A perspectiva é reduzir em 50% o uso de matérias-primas e o desperdício de alimentos até 2030 e, no caso das matérias primas, totalmente até 2050. Para isso, Amsterdã pretende incidir em três cadeias de valor (alimentos e resíduos orgânicos; bens de consumo e ambiente construído), o que provocaria aumento no tempo de uso das mercadorias (prática do reparo e compartilhamento), adoção de novas formas de coleta e de classificação dos resíduos e uso de matérias mais sustentáveis na indústria da construção. A experiência de Amsterdã, por ser uma das mais "radicais" até então apresentada, deve ser acompanhada para que se possa apreender com seus avanços e eventuais dificuldades e limitações, dado que dificilmente é possível se construir um oásis em termos ecológicos em um mundo em que países e atividades estão estreitamente conectados entre si.

O Bem Viver e o Ecossocialismo

No campo progressista da sociedade, destacam-se a proposta do Bem Viver e a do Ecossocialismo no tratamento da questão do meio ambiente.[9] Tanto uma como a outra têm como fundamento primeiro o entendimento de que a humanidade não está somente enfrentando uma crise ambiental, econômica, social e institucional; a crise é sistêmica e exige respostas também sistêmicas e não paliativas. Por isso, constituem uma crítica cabal ao "modelo" de desenvolvimento capitalista, a ele se contrapondo.

O Bem Viver está associado aos povos originários da América do Sul, especialmente da parte andina, mas também de povos indígenas brasileiros. Acosta (2017) sugere que o Bem Viver é um conceito em construção e, por isso, plural, que expressa a filosofia

---

[9] Nesse campo, também se destaca a perspectiva do Eco Feminismo. Haveria, ainda, as propostas derivadas do Decrescimento, da Desglobalização e da Soberania Alimentar.

de vida dos povos indígenas. Segundo Solón (2016), essa proposta apoia-se em cinco elementos: 1) a visão do todo ou a *Pacha*; 2) o convívio com a multipolaridade; 3) a busca do equilíbrio; 4) a complementaridade de diversos; 5) a descolonização. Esse autor nos adverte que *Pacha* é geralmente traduzida como Terra, mas é um conceito muito mais amplo que compreende a unidade indissolúvel do espaço e do tempo, de modo que é o todo em movimento constante, referindo-se ao mundo dos homens, dos animais e das plantas, mas também o mundo de acima, onde vivem o sol, a lua e as estrelas, e o mundo de abaixo, onde vivem os mortos e os espíritos. No espaço da *Pacha*, convivem e se inter-relacionam, de forma dinâmica, o passado, o presente e o futuro, tal como expõe Solón:

> Para o Bem Viver, tempo e espaço não são lineares, mas cíclicos. A noção linear de crescimento e progresso não são compatíveis com esta visão. O tempo avança seguindo a forma de uma espiral. O futuro está conectado com o passado. A cada avanço há um retorno e cada retorno é um adiantamento. Daí a expressão *aymara* de que para caminhar é preciso olhar sempre para trás.
>
> Essa visão espiral do tempo questiona a própria essência da noção de 'desenvolvimento' de sempre se mover para um ponto mais alto, da busca de ser ou sempre ser melhor. Esse devir ascendente é uma ficção para o Bem Viver. Todo progresso gira, não há nada de eterno, tudo se transforma e é uma reunião do passado, do presente e do futuro.[10] (2016, p. 19, tradução nossa)

---

[10] Para el Vivir Bien el tiempo y el espacio no son lineales, sino cíclicos. La noción lineal de crecimiento y progreso no son compatibles con esta visión. El tiempo avanza siguiendo la forma de un espiral. El futuro se entronca con el pasado. En todo avance hay un retorno y todo retorno es un avance. De ahí la expresión *aymara* de que para caminar hacia delante hay que mirar siempre hacia atrás.

Esta visión en espiral del tiempo cuestiona la esencia misma de la noción de "desarrollo" de siempre avanzar hacia un punto superior, de la búsqueda de estar o ser siempre mejor. Este devenir ascendente es una ficción para el Vivir Bien. Todo avance da vueltas, no hay nada eterno, todo se transforma y es un reencuentro del pasado, el presente y el futuro.

O convívio com a multipolaridade deriva do entendimento de que tudo tem seu par contraditório e que juntos formam uma unidade. Dado que não é admitida a existência de algo sem seu par, não há superioridade de uma forma ou de outra. Indivíduo e comunidade são polos de uma mesma unidade; entendendo que a comunidade não é a comunidade só de humanos, mas também de não humanos.

A busca pelo equilíbrio refere-se ao equilíbrio entre todos os elementos que compõem o todo: harmonia entre os seres humanos, entre estes e a natureza, e entre o mundo material e espiritual. Nesse sentido, o Bem Viver não é simplesmente uma crítica ao desenvolvimento capitalista, que se pretende mais democrática, holística ou humana. Ele não contempla a noção de progresso introduzida pelo capitalismo. Sua busca é pelo equilíbrio. Entende que a condição de equilíbrio não é permanente, que contradições requerem novas ações para que novo equilíbrio se instale. Dialeticamente falando, o Bem Viver supõe mudanças cíclicas no espaço-tempo, resultado do embate de contradições que resultam em novo equilíbrio. Na relação com a natureza, a busca pelo equilíbrio torna os seres humanos cuidadores da natureza e não seus exploradores sem critério.

O convívio com a multipolaridade e a busca pelo equilíbrio fundamenta o quarto elemento do Bem Viver: a complementaridade de diversos. Entender o diverso como complementar e não como inferior, nem como algo a ser superado e eliminado, opõe-se diretamente aos fundamentos do capitalismo, principalmente no período atual dominado pelo pensamento neoliberal, no qual a eficiência é alçada a bem maior, como se tudo pudesse ser medido por essa mesma régua.

O quinto elemento, o da descolonização, talvez seja o mais difícil de ser construído. Nas palavras de Solón:

> Há mais de 500 anos, a conquista espanhola iniciou um novo ciclo. Esta colonização não terminou com os processos de independência e constituição das repúblicas no século XIX, mas continua sob

> novas formas e estruturas de dominação. Descolonizar é desmantelar os sistemas políticos, econômicos, sociais, culturais e mentais que ainda prevalecem. A descolonização é um processo de longo prazo que não acontece de uma vez por todas.[11] (2016, p. 29-30, tradução nossa)

A presença e força do Bem Viver na discussão da questão ambiental está diretamente relacionada ao protagonismo que os povos originários andinos assumiram em alguns países. As ideias do Bem Viver e sua aplicabilidade – a partir dos elementos aqui apresentados – estão em contínua construção, levando em conta as experiências recentes e integrando novas contribuições. Nesse sentido, não se trata de propor a volta ao passado pura e simplesmente, tal como alguns assim entendem, e sim de repensar o presente resgatando, do passado e da memória coletiva desses povos, os elementos que permitem erigir uma nova sociedade em harmonia entre os seres humanos e entre esses e a natureza.

As ideias do Bem Viver foram escritas nas Constituições do Equador (2008) e da Bolívia (2009). Essa presença foi indubitavelmente fruto das lutas populares ulteriores, especialmente indígenas. Segundo Gudynas e Acosta (2011, p. 74), no Equador, o Bem Viver é apresentado como "direitos do bem viver". No artigo 14, por exemplo, é reconhecido "o direito de a população viver em um ambiente são e ecologicamente equilibrado, que garanta a sustentabilidade e o bem viver". Na Bolívia, o Bem Viver aparece na seção relativa às bases fundamentais do Estado, quando são mencionados os princípios ético-morais das diversas tradições indígenas da sociedade boliviana. Já o artigo 306 diz que o modelo econômico boliviano é plural e está orientado para

---

[11] Hace más de 500 años la conquista española inició un nuevo ciclo. Esa colonización no terminó con los procesos de independencia y constitución de las repúblicas en el siglo XIX, sino que continúa bajo nuevas formas y estructuras de dominación. Descolonizarse es desmantelar esos sistemas políticos, económicos, sociales, culturales y mentales que aún imperan. La descolonización es un proceso de largo aliento que no se da de una vez y para siempre.

melhorar a qualidade de vida e o bem viver. Apesar da Constituição da Bolívia considerar a convivência de formas de organização para a reprodução social e apesar de ser também plurinacional, não reconhece o direito da natureza, tal como faz a Constituição do Equador (artigos 71 a 74). Essa foi a primeira vez que a natureza teve seus direitos reconhecidos. Se tivermos presente o *Pacha*, primeiro elemento fundador do Bem Viver, esse foi um passo significativo, mesmo que necessite ser animado, para ser aplicado, pela constante luta dos povos indígenas. O desfecho da proposta de Rafael Correa de não exploração de petróleo no Parque Nacional Yasuni, em 2013, é exemplo da dificuldade em fazer valer o direito da natureza no quadro de uma sociedade de mercado regida pelas relações capitalistas.[12]

O Ecossocialismo, tal como o Bem Viver, considera que enfrentamos uma crise sistêmica e que, para ela ser superada, se faz necessária uma mudança radical dos fundamentos econômicos e sociais da sociedade atual. Isso porque a reprodução ilimitada do capital e a mercantilização de todas as atividades humanas e da natureza estão colocando em risco a própria existência da espécie humana, tal é o nível de degradação do meio ambiente que disso resulta. É preciso parar de produzir e consumir cada vez mais. Michel Löwy (2009; 2019), ao resumir os principais pontos da radicalidade do Ecossocialismo, rejeita a ideia capitalista de progresso, que é baseada em crescimento quantitativo e de mercado; e defende a centralidade das necessidades sociais, o bem-estar individual e o equilíbrio ecológico. Para reorganizar a economia com base nesses princípios, de modo a colocar as necessidades

---

[12]   Em 2007, Rafael Correa anunciou, na Assembleia Geral das Nações Unidas, o compromisso de o Equador manter os 850 milhões de barris de petróleo estimados de Yasuní sob o solo mediante compensação da comunidade internacional pela perda de receita derivada da exploração e venda do petróleo. Em 2013, o montante arrecadado era de US$ 13 milhões, quantia considerada irrisória pelo governo para manter o compromisso de não exploração. Esse exemplo mostra os limites do que está inscrito na Constituição.

humanas e do planeta em primeiro plano, a sociedade faria uso do planejamento democrático. O planejamento democrático, junto com o retorno da supremacia do valor de uso, constitui o núcleo duro do Ecossocialismo.

O planejamento democrático seria o meio pelo qual a tomada de decisão ocorreria, no plano nacional, regional ou local. No lugar do mercado ou das grandes empresas e bancos decidirem o que produzir e como produzir, e para onde destinar recursos do Estado, a população o faria, sem intermediários. A representação, embora não extinta, teria função essencialmente executiva, encaminhando o que foi decidido nos vários níveis do planejamento democrático. Esse planejamento democrático tem duas implicações que necessitam ser explicitadas. A primeira é que essa proposta se opõe frontalmente à experiência vivenciada na antiga União das Repúblicas Socialistas Soviéticas (URSS), na qual o planejamento ocorreu de forma extremamente centralizada e no plano do detalhe (Anderson, 2010). A segunda é que, para determinadas questões, é possível que, em nível local ou regional, sejam adotadas diferentes orientações ou decisões. A experiência concreta derivada dessas decisões pode consolidar tendências posteriores ou a coexistência de formas diferentes de tratamento a problemas semelhantes.

Löwy pensa a aplicação do planejamento democrático numa situação de transição entre a forma atual de organização da economia e uma futura, plenamente a serviço da humanidade e conciliada com a natureza. É o que ele chama de Grande Transição. Transição para um novo modo de produção e consumo, cujo tempo para realizá-la não está previamente dado. O que sabemos é que o campo da ação desse processo, embora se concretize mais facilmente no plano nacional, com seus desdobramentos em direção ao local, precisa, necessariamente, ocorrer em escala mundial. É mais fácil entender essa necessidade imperiosa quando pensamos a questão ecológica, pois não há como fazer frente ao aquecimento global, por exemplo, sem que haja um esforço do conjunto dos países. A questão ambiental coloca, por decorrência, mesmo numa fase de transição, em que alguns países estejam mais avançados do que outros na construção de outro modo de produção e consumo, que medidas coordenadas sejam tomadas no plano mundial.

Nessa fase de transição, a cessação do uso de combustíveis fósseis e de processos de produção danosos à natureza deve ser acompanhada pela garantia de emprego e renda dos trabalhadores nele envolvidos. Aliás, Löwy introduz, como condição para que a transformação do modo de produção e consumo ocorra, a busca pelo pleno emprego e condições iguais de trabalho e remuneração. Dadas as condições tecnológicas disponíveis, o pleno emprego não parece ser algo distante de ser alçado, especialmente quando se tem presente a redução da jornada e dos dias da semana de trabalho já praticada em alguns países e empresas; e a adesão à jornada parcial por iniciativa dos próprios trabalhadores em outros.[13] Essas iniciativas, para além das observações de expertos de que resultam em aumento da produtividade, mas que, em geral, enfrentam a oposição dos empregadores, resultam numa nova relação entre tempo de trabalho e o tempo direcionado para o lazer, a família, o desenvolvimento pessoal ou para a participação em projetos comunitários, entre outros.

Já a remuneração igual constitui um processo que pode ser mais longo naqueles países onde as diferenças salariais são mais acentuadas. A adoção de uma renda mínima, independente do exercício de uma atividade "produtiva", vinculada ao princípio da cidadania, bem como a adoção de um teto para as remunerações, podem ser instrumentos de facilitação para a adoção de remune-

---

[13] A jornada de trabalho semanal da indústria metalúrgica e eletrônica, na Alemanha, é de 28 horas; na Holanda, a média é de 28,2 horas e, na Dinamarca, 32,4 horas, bem distante das 44 horas legais do Brasil. A Microsoft, no Japão, trabalha com semana de 4 dias, num total de 21 horas. A primeira ministra da Islândia é uma firme defensora dessa modalidade de jornada de trabalho, com 24 horas, e está empenhada a implantá-la durante seu governo. A adesão à jornada parcial é significativa nos países nórdicos.

rações iguais no futuro. É preciso pensar que o aprofundamento dessas medidas de redução da jornada de trabalho e de esforço de equalização das remunerações (ou, pelo menos, de que sua variação não seja significativa) deve ser acompanhado por uma mudança radical em relação ao consumo, isto é, que o comprar por comprar seja abandonado e que o valor de uso volte a ocupar a centralidade. O valor de uso seria o único critério para a produção de bens e serviços. Isso teria consequências econômicas, mas também consequências sociais e ecológicas de longo alcance. Desnecessário dizer que a propaganda, peça-chave do capitalismo, não se faria presente, sendo uma das primeiras coisas a ser abolida.

Uma das questões centrais que se coloca para essa fase de transição e, portanto, como norma do novo modo de produção a ser construído, é o da tecnologia. Como sabido, ela não é neutra. O caminho de seu desenvolvimento, melhor dito, de sua aplicação no aparelho produtivo pelo capital, é motivado pela busca de diferencial com relação aos concorrentes. E esse diferencial, a que chamamos de ganhos de produtividade, são expressos por menor custo por unidade produzida. Toda a questão é saber como isso é obtido: com maior exploração da força de trabalho? Com prejuízo da natureza, nele compreendido o esgotamento de recursos naturais, o aniquilamento de biomas e o adoecimento do trabalhador? Com outros malefícios? Essas questões não são banais e deverão ser objeto de discussão constante da sociedade.

O construir um novo modo de produção implica se desvestir da lógica que hoje move a produção. No lugar de produzir cada vez mais em menor tempo e custo, produzir produtos que durem mais e a partir de processos ecologicamente garantidos. Na agricultura, coisa semelhante se coloca: no lugar dos agrotóxicos, o uso do saber secular dos povos indígenas e dos movimentos sociais ligados à terra, que já provaram ser possível produzir o suficiente com técnicas que não agridam o meio ambiente. Nesse ponto, não poderíamos deixar de lembrar o importante serviço das guardiãs das sementes, tarefa levadas por mulheres em diversos países, principalmente na América Latina, que garantem a biodiversidade em tempos de presença dominante da empresa Monsanto na agricultura.

Há vários outros aspectos que são pensados por aqueles que abraçam a ideia do Ecossocialismo. Entre eles, chamamos atenção para os mecanismos de determinação dos preços e para a definição de quais bens e serviços devem ter acesso gratuito garantido. Além disso, nem sempre a literatura associada a essa proposta é contundente com relação ao regime de propriedade durante a fase de transição. Embora não tenhamos, aqui, espaço para desenvolver esse assunto, adiantamos a ideia de que as experiências soviética, chinesa, cubana, a organização proposta pelo Bem Viver, bem como as reflexões de pensadores contemporâneos, tais como Dardot e Laval (2016), indicam que é possível se vivenciar uma combinação que leve em conta a propriedade estatal, a propriedade privada (embora pequena e média) e a propriedade comum. Será a experiência concreta o critério do reforço de uma ou de outra nesse mundo em construção.

A própria experiência durante a pandemia demonstra que as primeiras premissas com relação ao consumo e ao meio ambiente estavam mais no plano dos desejos do que da possibilidade concreta. As forças nas quais se apoia a reprodução ampliada do capital são avassaladoras. O consumo exacerbado não é fruto da vontade individual e sim condição necessária para que essa reprodução se realize. Da mesma forma, o imperativo da redução de custos associada à busca de aumento da produtividade, traço que diferencia o capitalismo dos outros modos de produção, impõe o tratamento da natureza somente como um objeto a ser explorado, e não preservado. Nesse sentido, a perspectiva do Bem Viver e do Ecossocialismo está correta quando afirma que é necessário estabelecer uma relação harmônica com a natureza e que isso só será possível se a produção tiver como objetivo prover as necessidades humanas (e não o lucro) com mercadorias duradoras, resgatando a supremacia do valor de uso. Contudo, as condições para que isso se instale requerem grandes mudanças no campo econômico, social e mesmo político, envolvendo os países e uma coordenação efetiva entre eles. Essa não é uma tarefa fácil. Ela pode não só se alongar no tempo, a partir de acúmulos de iniciativas diversas, como ocorrer de maneira desigual entre os países e mesmo dentro de um mesmo território nacional.

Referências

ACOSTA, Alberto. *O bem viver* – uma oportunidade para imaginar outros povos. 2ª reimpressão. São Paulo, Autonomia Literária, 2017.

ADVFN. Bovespa e BM&F, 2021. *Cotações históricas Dow Jones.* Disponível em: https://br.advfn.com/bolsa-de-valores/dowi/DJI/historico/mais-dados-historicos?current=1&Date1=31/07/20&Date2=15/01/21 Acesso em: 15 jan. 2020.

AGÊNCIA BRASIL. Paraisópolis controla coronavírus melhor do que a média municipal de SP. *Uol*, 26 jun. 2020. Disponível em: https://noticias.uol.com.br/ultimas-noticias/agencia-brasil/2020/06/25/territorio-precario-controla--covid-19-melhor-que-a-media-de-sao-paulo.htm Acesso em: 17 jul. 2020.

AGÊNCIA NACIONAL DE SAÚDE SUPLEMENTAR – ANS. Disponível em http://www.ans.gov.br/perfil-do-setor/dados-e-indicadores-do-setor Acesso em: 08 dez. 2020.

ANDERSON, Perry. As duas revoluções: anotações. Ensaio comparativo sobre o desenlace atual das duas maiores revoluções do século XX: a russa e a chinesa. *Serrote*, Instituto Moreira Salles, n. 5, jul. 2010. Disponível em: https://www.revistaserrote.com.br/2020/04/duas-revolucoes-por-perry-anderson/ Acesso em: 15 dez. 2020.

ASSOCIAÇÃO BRASILEIRA DE SUPERMERCADOS – ABRAS. Usuários *de internet banking* passam de 49% para 57% após pandemia de Covid. 2020. Disponível em https://www.abras.com.br/clipping/tecnologia/70929/usuarios-de-internet-banking-passam-de-49-para-57-apos-pandemia-de--covid:~:text=23%2F06%2F2020%2015%3A,esse%20n%C3%BAmero%20era%20de%2049%25 Acesso em: 15 jan. 2020.

ATLAS DO DESENVOLVIMENTO HUMANO NO BRASIL – ATLASBR. Disponível em: http://www.atlasbrasil.org.br/ Acesso em: 09 nov. 2020.

BANCO MUNDIAL (1975). *Salud:* documento de política sectorial. Washington, D.C, 1991. Brasil: novo desafio à saúde do adulto. Washington, D.C.

BANCO MUNDIAL. *Informe sobre el Desarrollo Mundial 1993:* Inverter en Salud. Washington, Banco Mundial, 1993. Disponível em: http://documents1.worldbank.org/curated/pt/259121468340250256/pdf/341290spanish.pdf Acesso em: 20 nov. 2020.

BANCO MUNDIAL. *La Economía en Los Tiempos del Covid-19.* Informe Semestral de la Región de América Latina y el Caribe, Abr. 2020. Disponível em: https://openknowledge.worldbank.org/handle/10986/33555 Acesso em: 14 out. 2020.

BARBOSA, Marina. *Home office* de servidores gera corte anual de gastos de até R$ 500 milhões. Brasília, *Correio Braziliense*, 2020. Disponível em: https://www.correiobraziliense.com.br/app/noticia/economia/2020/07/05/internas_economia,869461/home-office-de-servidores-gera-corte-anual-de--gastos-de-ate-r-500-mil.shtml Acesso em: 15 jan. 2020.

BAUMAN, Zygmunt. *Vida para consumo*. São Paulo: Zahar, 2008.

BERWIG, Solange E. Mulheres e trabalho: desigualdades de gênero no mercado de trabalho no Chile. *Revista de Estudos Interdisciplinares:* Ceeinter, São Borja. Vol. 1 n. 3. 2019.

BIBLIA SAGRADA. São Paulo: Editora Ave Maria, 1992.

BRAVERMAN, Harry. *Trabalho e capital monopolista* – a degradação do trabalho no século XX. Rio de Janeiro: Zahar, 1981.

CHESNAIS, François. As raízes da crise econômica mundial. *Olho da história*, julho de 2012. Disponível em: http://oolhodahistoria.ufba.br/wp-content/uploads/2016/03/chesnais-4.pdf Acesso em: 12 dez. 2020.

CHESNAIS, François. *Financial Capital Today*. Boston: Brill, 2016.

CHESNAIS, François. La théorie du capital de placement financier et les points du système financier mondial où se prépare la crise à venir. *A l'Encontre,* 26 abr. 2019. Disponível em: http://alencontre.org/economie/la-theorie-du-capital-de-placement-financier-et-les-points-du-systeme-financier-mondial-ou-se-prepare-la-crise-a-venir.html. Acesso em: 16 out. 2019.

CHENAIS, François. France. Rapports politiques entre capital et travail el règlement de la ddette publique. *A l'Encontre,* 2020. Disponível em: http://alencontre.org/europe/france-rapports-politiques-entre-capital-et-travail-et-reglement-de-la-dette-publique.html Acesso em: 30 out. 2020.

CHESNAIS, François. Situación de la economía mundial al principio de la gran recesión Covid-19. Madrid, *Viento Sur,* abr. 2020. Disponível em https://vientosur.info/spip.php?article15872 Acesso em: 30 abr. 2020.

COMISSIÓN ECONÔMICA PARA AMÉRICA LATINA Y EL CARIBE – CEPAL. Y, ORGANIZACIÓN INTERNACIONAL DEL TRABAJO – OIT. El trabajo en tiempos de pandemia: desafíos frente a la enfermedad por coronavirus (COVID-19). *Coyuntura Laboral en América Latina y el Caribe.* Informe n. 22. Disponível em: https://repositorio.cepal.org/bitstream/handle/11362/45557/4/S2000307_es.pdf Acesso em: 29 nov. 2020.

COMISSÃO ECONÔMICA PARA AMÉRICA LATINA – CEPAL. *Estudio Económico de América Latina y el Caribe Principales condicionantes de las políticas fiscal y monetaria en la era pospandemia de COVID-19.* Santiago – Chile, Out. 2020a. Disponível em: https://www.cepal.org/es/publicaciones/46070-estudio-economico-america-latina-caribe-2020-principales-condicionantes Acesso em: 14 out. 2020.

COMISSIÓN ECONÔMICA PARA AMÉRICA LATINA Y CARIBE – CEPAL. Enfrentar los efectos cada vez mayores del COVID-19 para una reactivación con igualdad: nuevas proyecciones. *Informe Especial Covid-19* n. 5, julho de 2020b. Disponível em: https://www.cepal.org/es/publicaciones/45782-enfrentar-efectos-cada-vez-mayores-covid-19-reactivacion-igualdad-nuevas Acesso em: 14 out. 2020.

COMISSIÓN ECONÔMICA PARA AMÉRICA LATINA Y CARIBE – CEPAL. *Balance Preliminar de Las Economías de América Latina y el Caribe.* Dezembro, 2020c. Disponível em: http://www.cepal.org/pt-br/comunicados/america-latina-o-caribe-terao-crescimento-positivo-2021-mas-nao-sera-suficiente Acesso em: 14 jan. 2021.

COMITÉ PARA A ABOLIÇÃO DAS DÍVIDAS ILEGÍTIMAS – CADTM. O CADTM condena as medidas do G20 sobre a dívida. *Portal Comitê para abolição das dívidas ilegítimas.* Disponível em: http://cadtm.org/O-CADTM--condena-as-medidas-do-G20-sobre-a-divida Acesso em: 30 out. 2020.

CORIAT, Benjamin. *L'Atelier et le chronomètre.* Paris: Christian Bourgois Editeur, 1982.

CORIAT, Benjamin. *La robotique.* Paris: La Decouverte, 1983.

DADOS TRANSPARENTES. Disponível em: https://www.dadostransparentes.com.br/ Acesso em: 09 nov. 2020.

DARDOT, Pierre e LAVAL, Christian. *A nova razão do mundo*: ensaio sobre a sociedade neoliberal. São Paulo: Boitempo, 2016.

DURKHEIM, E. Da divisão do trabalho social. *In:* RODRIGUES, J. A. (Org.). *Os pensadores:* Émile Durkheim. Rio de Janeiro: Abril, 1973. Coleção Os Pensadores.

DW. *Merkel anuncia pacote bilionário para a Saúde.* Disponível em: https://www.dw.com/pt-br/merkel-anuncia-pacote-bilion%C3%A1rio-para-a--sa%C3%BAde/a-54857309 Acesso em: 30 nov. 2020.

E-COMMERCEBRASIL. *Digitalização reduziu total de desbanalizados em 73% no Brasil.* Notícia. 2020. Disponível em: https://www.ecommercebrasil.com.br/noticias/digitalizacao-reduziu-desbancarizados/. Acesso em: 18 jan. 2021.

EL PAÍS. *Renda básica universal:* a última fronteira do Estado de bem-estar social. 2018. Disponível em: https://brasil.elpais.com/brasil/2018/06/15/economia/1529054985_121637.html Acesso em: 02 fev. 2020.

EN MARCHE. Emmanuel Macron: *"Rebâtir notre souveraineté nationale et européenne".* Disponível em: https://en-marche.fr/articles/actualites/macron--souverainete-nationale-europeenne Acesso em: 30 nov. 2020.

ENGELS, Friedrich. Como a burguesia resolve o problema da habitação. *In: Marx e Engels* – obras escolhidas. 2006. Edições Avante. Disponível em: https://www.marxists.org/portugues/marx/1873/habita/cap02.htm Acesso em: 20 nov. 2020.

ENZENBERGER, Hans Magnus. *O curto verão da anarquia.* São Paulo: Companhia das Letras, 1987.

FEDERAÇÃO BRASILEIRA DE BANCOS – FEBRABAN. *Expectativas para 2021.* São Paulo, Observatório Febraban, 2020. Disponível em: https://cmsportal.febraban.org.br/Arquivos/documentos/PDF/OBSERVAT%C3%93RIO%20FEBRABAN%20-%20DESTAQUES%202020%20E%20EXPECTATIVAS%202021%20DEZEMBRO%202020_V1_iD%20-%20FINAL%20v3.pdf Acesso em: 15 jan. 2020.

FLORES, Luisa M. *Renda básica e a redução das desigualdades.* Departamento Intersindical de Assessoria Parlamentar (DIAP). 2020. Disponível em: https://www.diap.org.br/index.php/noticias/artigos/89964-renda-basica-e--a-reducao-das-desigualdades:~:text=O%20Ir%C3%A3%20instituiu%20a%20renda,financiada%20pela%20legisla%C3%A7%C3%A3o%20do%20jogo Acesso em: 01 jan. 2020.

FONDO MONETARIO INTERNACIONAL – FMI. *Data mapper Covid-19.* 2020a. Disponível em: https://www.imf.org/external/datamapper/FM--covid19.pdf Acesso em: 04 nov. 2020.

FONDO MONETARIO INTERNACIONAL – FMI. *Fiscal Monitor.* 2020b. Disponível em: https://www.imf.org/external/datamapper/datasets/FM Acesso em: 02 nov. 2020.

FONDO MONETARIO INTERNACIONAL – FMI. *Global Debt Database.* 2020c. Disponível em: https://www.imf.org/external/datamapper/datasets/ GDD Acesso em: 02 nov. 2020.

FONDO MONETARIO INTRNACIONAL – FMI. *La respuesta del FMI a la COVID-19.* 2020d. Disponível em https://www.imf.org/es/About/FAQ/ imf-response-to-covid-19 Acesso em: 11 nov. 2020.

FONDO MONETÁRIO INTERNACIONAL – FMI. *Perspectivas de la economía mundial* – Estudios económicos y financeiros. Abril, 2010. Disponível em: https://www.imf.org/en/Publications/WEO/Issues/2016/12/31/Rebalancing--Growth Acesso em: 16 out. 2020.

FONSECA, Ana; MONTALI, Lilia. *O programa de renda mínima de Campinas.* XX Encontro Anual da ANPOCS. 1996. Disponível em: https://www.anpocs.com/index.php/encontros/papers/20-encontro-anual-da-anpocs/gt-19/gt07-4/5359-lmontali-afonseca-o-programa/file Acesso em: 05 jan. 2021.

FORD, Henry. *Minha vida, minha obra.* Porto Alegre: Monteiro Lobato, 1925.

FRIEDMAN, Milton. *Capitalismo e liberdade.* Rio de Janeiro: Editora Artenova, 1977.

FUCHS, Christian. Industry 4.0: The Digital German Ideology. TripleC – *Communication, capitalism & critica,* 16: 280-289, 2018. Disponível em https://www.triple-c.at/index.php/tripleC/article/view/1010 Acesso em: 14 jan. 2020.

FUNDAÇÃO SEADE. *SP contra o novo coronavírus* – Boletim Completo. São Paulo, 2020. Disponível em: https://www.seade.gov.br/coronavirus/ Acesso em: 06 nov. 2020.

GRAZINI, Mariana. Metrô de São Paulo vai colocar funcionários em *home office* permanente e vender prédio. *Folha de São Paulo,* 15 jul. 2020. Disponível em: https://www1.folha.uol.com.br/colunas/painelsa/2020/07/metro-de--sao-paulo-vai-colocar-funcionarios-em-home-office-permanente-e-vender--predio.shtml Acesso em: 17 jul. 2020.

GUDYNAS, Eduardo; ACOSTA, Alberto. "El buen vivir mas alla del desarrollo". Lima, *Revista Quehacer,* n. 181, 2011. Disponível em: https://cooperacionecuador.files.wordpress.com/2014/03/el-buen-vivir-mas-allc3a1-deldesarrollo--eduardo-gudynas-y-alberto-acosta.pdf Acesso em: 09 ago. 2017.

HARVEY, David. Política anticapitalista em tempos de COVID-19. *In:* DAVIS, Mike *et al. Coronavírus e a luta de classes.* Terra sem Amos: Brasil, 2020.

HUSSON, Michel. Finança, hiper concorrência e capital. *In: A finança capitalista.* São Paulo: Alameda, 2010.

HUSSON, Michel. *Apresentação de Michel Husson no Third Economics seminar of the IRRE.* Amsterdam, 2014. Vídeo disponível em: https://www.iire.org/node/640 Acesso em: 19 jan. 2021.

HUTTON, Will, "Coronavirus won't end globalisation, but change it hugely for the better". *The Guardian,* 8 mar. 2020. Disponível em: https://www.theguardian.com/commentisfree/2020/mar/08/the-coronavirus-outbreak-shows-us--that-no-one-can-take-on-this-enemy-alone Acesso em: 14 jun. 2020.

INSTITUTO BRASILEIRO DE GEOGRAFIA E ESTATÍSTICA – IBGE. *Síntese dos Indicadores Sociais* – Uma análise das condições de vida da população brasileira, 2019. Rio de Janeiro, 2019. Disponível em: https://biblioteca.ibge.gov.br/visualizacao/livros/liv101678.pdf Acesso em: 15 out. 2020.

INSTITUTO BRASILEIRO DE GEOGRAFIA E ESTATÍSTICA – IBGE. Nota técnica. *Aglomerados subnormais 2019:* classificação preliminar e informação de saúde para o enfrentamento à Covid-19. Rio de Janeiro, 2020a. Disponível em: https://biblioteca.ibge.gov.br/visualizacao/livros/liv101717_notas_tecnicas.pdf Acesso em: 15 out. 2020.

INSTITUTO BRASILEIRO DE GEOGRAFIA E ESTATÍSTICA – IBGE. Nota técnica. *Informações de saúde:* subsídios ao enfrentamento regional à COVID-19. Rio de Janeiro, 2020b. Disponível em: https://agenciadenoticias.ibge.gov.br/media/com_mediaibge/arquivos/12cf546ecf4d11235dd776b8eb952c82.pdf Acesso em: 11 nov. 2020.

INSTITUTO BRASILEIRO DE GEROGRAFIA E ESTATÍSTICA – IBGE. Nota técnica. *Pesquisa Regiões de Influência das Cidades* – informações de deslocamentos para serviços de saúde. Rio de janeiro, 2020c. Volume especial. Disponível em: https://servsaude2-ibgedgc.hub.arcgis.com/datasets/a392da429dbe480d8754fd55ba7e0db8 Acesso em: 20 nov. 2020.

INSTITUTO BRASILEIRO DE GEOGRAFIA E ESTATÍSTICA – IBGE. *Sistema IBGE de Recuperação Automática* – Sidra. Rio de Janeiro. 2020d. Disponível em: https://sidra.ibge.gov.br/tabela/5801 Acesso em: 20 nov. 2020.

INSTITUTO DE ESTUDOS PARA O DESENVOLVIMENTO INDUSTRIAL – IEDI. *A indústria do futuro no Brasil e no mundo.* Orgs.: Júlio Sergio Gomes de Almeida e Rafael Fagundes Cagnin. Palestras de Luciano Continho e David Kupfer. São Paulo: Iedi, 2019.

INSTITUTO DE ESTUDOS PARA POLÍTICAS DE SAÚDE – IEPS. Rio de Janeiro, 2020. Disponível em: https://ieps.org.br/pesquisas/necessidades-de--infraestrutura-do-sus-em-preparo-ao-covid-19-leitos-de-uti-respiradores-e--ocupacao-hospitalar/ Acesso em: 08 nov. 2020.

INSTITUTO POLIS. *Raça e covid no município de São Paulo.* São Paulo: Instituto Polis, julho de 2020. Disponível em: https://polis.org.br/estudos/raca-e-covid--no-msp/ Acesso em: 06 nov. 2020.

INTERNATIONAL MONETARY FUND – IMF. *World Economic Outlook.* Long and Difficult Ascent. Octobre, 2020a. Disponível em: https://www.imf.org/en/Publications/WEO/Issues/2020/09/30/world-economic-outlook--october-2020 Acesso em: 14 out. 2020.

INTERNATIONAL MONETARY FUND – IMF. *World Economic Outlook Update.* June, 2020b. Disponível em: https://www.imf.org/en/Publications/WEO/Issues/2020/06/24/WEOUpdateJune2020 Acesso em: 14 out. 2020.

INTERNATIONAL MONETARY FUND – IMF. The Great Lockdown. *In: World Economic Outlook,* April 2020c. Disponível em: http://www.imf.org/en/Publications?WEO/Issues/2020/04/14/weo-april-2020 Acesso em: 14 out. 2020.

INTERNATIONAL MONETARY FUND – IMF. *IMF's Response to COVID-19.* Disponível em https://www.imf.org/en/About/FAQ/imf-response-to-covid--19Q5 Acesso em: 24 out. 2020.

JUDT, Tony. *Pós-Guerra* – uma história da Europa desde 1945. São Paulo: Objetiva, 2008.

KRENAK, Ailton. *O amanhã não está à venda.* São Paulo: Companhia das Letras, 2020.

LASAGNA, Ângela. Lenin e o "taylorismo soviético": uma abordagem crítica. *Ponto e Vírgula*, PUC-SP, n. 21, São Paulo, 1º Semestre de 2017. Disponível em: https://revistas.pucsp.br/index.php/pontoevirgula/article/view/33632 Acesso em: 2 jan. 2020.

LAWDER, David e SHALAL, Andrea. O colapso do consumo está deprimindo perspectivas econômicas, diz FMI. *Economia Uol,* 13 maio 2020. Disponível em: https://economia.uol.com.br/noticias/reuters/2020/05/13/colapso-do--consumo-esta-diminuindo-perspectivas-economicas-globais-diz-fmi.html Acesso: 17 maio 2020.

LEFF, Enrique. *Saber ambiental:* sustentabilidade, racionalidade, complexidade, poder. Petrópolis: Vozes, 2001

LOBATO, Lenaura. V. C.; GIOVANELLA, Lígia. Sistemas de saúde: origens, componentes e dinâmica. *In:* GIOVANELLA, Lígia *et al.* (Orgs.). *Políticas e sistema de saúde no Brasil.* 2ª ed. Rio de Janeiro: Fiocruz, 2012. p. 89-119.

LÖWY, Michel. Ecossocialismo e planejamento democrático. *In: Crítica Marxista,* n. 28, p. 35-50, 2009. Campinas: Fundação Editora Unesp, 2009.

LÖWY, Michel. O que é o Ecossocialismo? – parte 1 e 2. *Esquerda on-line,* 2019. Disponível em: https://www.esquerda.net/artigo/o-que-e-o-ecossocialismo--por-michael-Löwy-1/59573 e https://www.esquerda.net/artigo/o-que-e-o--ecossocialismo-por-michael-Löwy-2/59576 Acesso em: 03 dez. 2020.

MA, Henry. *Are We Entering an "Everything Bubble"?* Vert – crowdsourced stock ratings. Disponível em: https://www.julexcapital.com/are-we-entering-an--everything-bubble/ Acesso em: 31 out. 2020.

MACHADO, D. H. G.; MATEUS, E. N. Breve reflexão sobre a saúde como direito fundamental. Âmbito Jurídico, v, 13, n. 83, dez. 2010. Disponível em: http://www.ambitojuridico.com.br/site/?n_link=revista_artigos_leitura&artigo_id=8747&revista_caderno=9 Acesso em: 19 nov. 2020.

MARINO, Aluizio *et al.* Circulação para trabalho explica concentração de casos de Covid-19. *Labcidade,* São Paulo, 30 jun. 2020. Disponível em: http://www.labcidade.fau.usp.br/circulacao-para-trabalho-inclusive-servicos-essenciais--explica-concentracao-de-casos-de-covid-19/ Acesso em: 25 set. 2020.

MARQUES, Rosa Maria. *A proteção social e o mundo do trabalho.* São Paulo: Bienal, 1997.

MARQUES, Rosa Maria; NAKATANI, Paulo. *O que é capital fictício e sua crise.* São Paulo, Brasiliense, 2009.

MARQUES, Rosa Maria. Políticas de transferência de renda no Brasil e na Argentina. São Paulo, *Revista de Economia Política,* v. 33, n. 2 (131), abril--junho/2013. Disponível em: https://www.scielo.br/pdf/rep/v33n2/a06v33n2.pdf Acesso em: 05 jan. 2020.

MARQUES, Rosa Maria. O lugar das políticas sociais no capitalismo contemporâneo. *Argumentum*, Vitória (ES), v. 7, n. 2, p. 7-21, jul./dez. 2015.

MARQUES, Rosa Maria; DEPIERI, Marcelo. Não estamos no mesmo barco. *In:* XIMENES, Salomão; PIZA, Suze; SOUZA, Jesse (Orgs.). *Pandemia desigual.* Santo André, Editora UFABC. No prelo.

MARQUES, Rosa Maria; BERWIG, Solange E.; DEPIERI, Marcelo; LEITE, Marcel Guedes. Sustentação do emprego e renda na crise econômica da Covid-19 em países da América Latina. *Argumentum,* Vitória, v. 12, n. 3, p. 308-332, set./dez. 2020. Disponível em: https://periodicos.ufes.br/argumentum/article/view/32453/22452 Acesso em: 31 dez. 2020.

MARQUES, Rosa Maria; BERWIG, Solange Emilene. As políticas sociais no pós-pandemia: há algo de novo no front? *Argumentum.* 2021, Vitória, v. 13, n. 1, 2021.

MARQUES, Rosa Maria; DEPIERI, Marcelo. El futuro después de la crisis provocada por el Covid-19. *Revista Economía y Desarrollo,* v. 165, n. 2, 2021, Faculdad de Economía de la Universidad de La Habana, Cuba. Disponível em: http://www.econdesarrollo.uh.cu/index.php/RED/article/view/809 Acesso em: 09 fev. 2021

MARQUES, Rosa Maria; DEPIERI, Marcelo. Crise da Covid-19, Estado e neoliberalismo. *In:* PAULINO, Robério (Org.). *Pandemia 2020:* impactos e consequências. Natal: EDUFRN. 1ª edição, 2020.

MARQUES, Rosa Maria; DEPIERI, Marcelo. A crise econômica da Covid-19 e o mundo pós pandemia. *In:* ROSSINI, Gabriel (Org.). *Covid-19:* aspectos sociais, econômicos e territoriais. Santo André: Editora UFABC. No prelo.

MARX, Karl. *Capítulo inédito d'O capital.* Porto: Publicações Escorpião, 1975.

MARX, Karl. *A relação capitalista reificada na forma do capital portador de juros,* Cap. 24, tomo 3, v. 5, d'*O Capital.* Rio de Janeiro: Civilização Brasileira, 1981.

MARX, Karl. *O capital.* Tomo 1, v. I, cap. V. São Paulo: Difel, 8ª edição, 1982.

MEDICI, André Cezar; MARQUES, Rosa Maria. Sistemas de custos como instrumento de eficiência e qualidade dos serviços de saúde. São Paulo. *Cadernos Fundap,* 19, janeiro – abril 1996.

MELO, João Alfredo Telles; AQUINO, Deodato do Nascimento Aquino. *La destruction de l'Amazonie est un projet du gouvernement Bolsonaro.* EcoRev 2020/1 (N. 48), p. 29 a 45. Disponível em: https://www.cairn.info/revue--ecorev-2020-1-page-29.html Acesso em: 12 dez. 2020.

MING, Celso. *Renda mínima:* os casos do Alasca, Irã e Maricá. *A Tribuna.* 2020. Disponível em: https://www.atribuna.com.br/noticias/economia/celso-ming-renda-m%C3%ADnima-os-casos-do-alasca-ir%C3%A3-e--maric%C3%A1-1.106785 Acesso em: 02 jan. 2020.

MINISTÉRIO DA SAÚDE – MS. *Boletim Epidemiológico Especial.* Doença pelo Coronavírus COVID-19, Semana Epidemiológica 29 (12 a 18/07), n. 23. Brasília: MS, 2020a. Disponível em: http://antigo.saude.gov.br/images/pdf/2020/July/22/Boletim-epidemiologico-COVID-23-final.pdf Acesso em: 13 nov. 2020.

MINISTÉRIO DA SAÚDE – MS. *Boletim Epidemiológico Especial.* Doença pelo Coronavírus COVID-19, Semana Epidemiológica 42 (11/10 a 17/10/2020), n. 36. Brasília: MS, 2020b. Disponível em: https://www.gov.br/saude/pt-br/media/pdf/2020/outubro/23/boletim_epidemiologico_covid_36_final.pdf Acesso em: 13 nov. 2020.

MINISTÉRIO DA SAÚDE – MS. *Boletim Epidemiológico*. Doença pelo Coronavírus COVID-19, Semana Epidemiológica 17 (19/04 a 25/04/2020), n. 12. Brasília: MS, 2020c. Disponível em: https://portalarquivos.saude.gov.br/images/pdf/2020/April/19/BE12-Boletim-do-COE.pdf Acesso em: 13 nov. 2020.

MINISTÉRIO DA SAÚDE – MS. *COVID-19*. Painel Coronavirus. Brasília: MS, 2020d. Disponível em: https://covid.saude.gov.br Acesso em: 26 nov. 2020.

MINISTÉRIO DA SAÚDE – MS. *DATASUS*. Cadastro Nacional de Estabelecimentos de Saúde (CNES). Brasília: MS, 2020e. Disponível em: http://cnes2.datasus.gov.br/ Acesso em: 02/12/2020.

MORE, Thomas. *Utopia*. Tradução de Anah de Melo Franco. Editora Universidade de Brasília: Brasília. 2004. Disponível em: http://www.mat.ufrgs.br/~giacomo/Livros/Pol%EDtica%20filosofia%20economia/Thomas%20More%20-A%20Utopia.pdf Acesso em: 12 jan. 2021.

NAKATANI, Paulo; MARQUES, Rosa Maria. *O capitalismo em crise*. São Paulo: Expressão Popular, 2020.

ORGANISATION FOR ECONOMIC CO-OPERATION AND DEVELOPMENT –OECD. *Measuring health care, 1960-1983 – expenditure, costs, and performance*. Paris: OECD, 1985.

ORGANISATION FOR ECONOMIC CO-OPERATION AND DEVELOPMENT – OECD. *The next production revolution:* a report for the G20. OECD, 2017. Disponível em https://www.oecd.org/g20/summits/hamburg/the-next-production-revolution-G20-report.pdf Acesso em: 14 jan. 2020.

ORGANISATION FOR ECONOMIC CO-OPERATION AN DEVELOPMENT – OECD. Coronavirus (COVID-19): Living with uncertainty. *Economic Outlook,* Interim Report, September, 2020a. Disponível em: https://www.oecd-ilibrary.org/economics/oecd-economic-outlook/volume-2020/issue-1_0d1d1e2e-en Acesso em: 14 out. 2020.

ORGANIZATION FOR ECONOMIC CO-OPERATION AN DEVELOPMENT – OECD. *Economic Outlook*. Junio/Junho, 2020b. Disponível em: http://www.oecd.org/economic-outlook/june-2020/ Acesso em: 14 out. 2020.

ORGANISATION FOR ECONOMIC CO-OPERATION AN DEVELOPMENT – OECD. *Economic Outlook* – gdp projections. Dezembro, 2020c. Disponível em: http://www.oecd.org/economic-outlookgdp-projections Acesso em: 14 jan. 2021.

ORGANISATION FOR ECONOMIC CO-OPERATION AND DEVELOPMENT – OECD. *Health Status*. 2020d. Disponível em: https://stats.oecd.org/Index.aspx?DatasetCode=HEALTH_STAT Acesso em: 08/12/2020.

ORGANIZACIÓN INTERNACIONAL DEL TRABAJO – OIT. Observatorio de la OIT: La COVID-19 y el mundo del trabajo. Sexta edición. *Estimaciones actualizadas y análisis,* 23 septiembre, 2020. Disponível em https://www.ilo.org/wcmsp5/groups/public/---dgreports/---dcomm/documents/briefingnote/wcms_743154.pdf Acesso em: 16 out. 2020.

ORGANIZACIÓN MUNDIAL DE LA SALUD – OMS. *Estatísticas Sanitárias Mundiales*. OMS: Genebra, 2014.

PAES, Nelson L; SIQUEIRA, Marcelo L. Renda Básica da cidadania *versus* imposto de renda negativo: o papel dos custos de focalização. *Revista Estudos Econômicos*. v. 38, n. 3 São Paulo, July/Sept. 2008. Disponível em: https://www.

scielo.br/scielo.php?script=sci_arttext&pid=S0101-41612008000300006 Acesso em: 26 dez. 2020.

PARLAMENTO EUROPEU. *Economia circular:* definição, importância e benefícios. 2018. Disponível em: https://www.europarl.europa.eu/news/pt/headlines/economy/20151201STO05603/economia-circular-definicao-importancia-e-beneficios:~:text=A%20economia%20circular%20%C3%A9%20um,redu%C3%A7%C3%A3o%20do%20desperd%C3%ADcio%20ao%20m%C3%ADnimo.&text=Reparar%2C%20reutilizar%20e%20reciclar!,-Os%20problemas%20da Acesso em: 13 dez. 2020.

PIRES, Luiza N; CARVALHO, Laura; XAVIER, Laura de L. Covid-19 e Desigualdade no Brasil. *Centro Brasileiro de Estudos de Saúde – CEBES.* 06 abr. 2020. Disponível em: http://cebes.org.br/2020/04/covid-19-e-desigualdade-no-brasil/ Acesso em: 15 jul. 2020.

PODER360. *Pandemia volta a ter mais mortes; letalidade por faixa etária se mantém.* https://www.poder360.com.br/coronavirus/pandemia-volta-a-ter-mais-mortes-mas-faixa-etaria-da-letalidade-se-mantem/ Acesso em 18 jan. 2021.

REDE BRASILEIRA DE RENDA BÁSICA – RBRB. *Papa Francisco defenda a Renda Básica* (universal e incondicional, por definição em seu próximo livro!). Notícias, 2020. Disponível em: http://rendabasica.com.br/papa-francisco-defende-a-renda-basica-universal-e-incondicional-por-definicao-em-seu-proximo-livro/ Acesso em: 24 dez. 2020.

REDE NOSSA SÃO PAULO. *Relação com trabalho e renda é indicado como fator de risco na pandemia.* Comunicação – Rede Nossa São Paulo, São Paulo, 10 jul. 2020. Disponível em: https://www.nossasaopaulo.org.br/2020/07/10/relacao-com-trabalho-e-renda-e-indicado-como-fator-de-risco-na-pandemia/ Acesso em: 14 jul. 2020.

ROBERTS, Michael. *A Delicate Moment.* 14 abr. 2019. Disponível em: https://thenextrecession.wordpress.com/2019/04/14/a-delicate-moment/ Acesso em: 16 dez. 2019.

SILVA, Cleide. Sobram 35 milhões de carros no mundo. São Paulo, *Estadão,* 17 abr. 2016. Disponível em https://economia.estadao.com.br/noticias/geral,sobram-35-milhoes-de-carros-no-mundo,10000026463 Acesso em: 12 jan. 2020.

SILVA, Robson R. Renda mínima e proteção social: aspectos históricos, teóricos e conjunturais. *Revista katálisys:* Florianópolis. V. 22, n. 1, p. 110-119, jan./abr. 2019. Disponível em: https://www.scielo.br/pdf/rk/v22n1/1982-0259-rk-22-01-110.pdf Acesso em: 31 dez. 2020.

SIMÕES, Sílvia. *46% dos Brasileiros aumentaram o volume de compras online durante a pandemia, indica Mastercard.* 2020. Disponível em: https://www.mastercard.com/news/latin-america/pt-br/noticias/comunicados-de-imprensa/pr-pt/2020/november/whitepaper-habitos-pos-pandemia/ Acesso em: 18 jan. 2020.

SOLÓN, Pablo. *Es posible el viver bien?* La Paz: Fundación Solón, 2016.

SOUZA, Maria Cristina Oliveira; CORAZZA, Rosana Icassatti. Do Protocolo Kyoto ao Acordo de Paris: uma análise das mudanças no regime climático global a partir do estudo da evolução de perfis de emissões de gases de efeito estufa. Curitiba, *Desenvolvimento e Meio Ambiente.* V. 42, dezembro 2017.

Disponível em: https://revistas.ufpr.br/made/article/view/51298 Acesso em: 12 dez. 2020.

SUPLICY, Eduardo M; BUARQUE, Cristovam. Garantia de renda mínima para erradicar a pobreza: o debate e a experiência brasileiros. *Dossiê Direitos Humanos*. Estudos Avançados. V. 11 n. 30: São Paulo: May/Aug. 1997. Disponível em: https://www.scielo.br/scielo.php?script=sci_arttext&pid =S0103-40141997000200007 Acesso em: 31 dez. 2020.

SUPLICY, Eduardo M. *A experiência de Macau contada por Eduardo Suplicy*. Renda Brasileira de Renda Básica. 2019. Disponível em: http://rendabasica.com.br/macau/ Acesso em: 02 jan. 2020.

TAYLOR, Frederick Winslow. *Princípios da administração científica*. São Paulo: Atlas, 1990.

TOUSSAINT, Eric. RIVIÉ, Milan. Ameaças sobre a dívida externa dos países em desenvolvimento. *Portal Comitê para abolição das dívidas ilegítimas*. 26 out. 2020. Disponível em: https://www.cadtm.org/Ameacas-sobre-a-divida--externa-dos-paises-em-desenvolvimento Acesso em: 30 out. 2020.

UNIVERSIDADE ESTADUAL DE CAMPINAS – UNICAMP. "Despesas públicas e programas sociais". *Relatório da pesquisa A crise internacional e as políticas sociais:* uma proposta de análise comparada. Convênio Unicamp/ Nepp – Fundap, Campinas, 1985.

UNITED NATIONS CONFERENCE ON TRADE AN DEVELOPMENT – UNCTAD. *Trade and Development Report 2020 – From Global Pandemic to Prosperity for all:* avoiding another lost decade. New York: September 2020. Disponível em: https://unctad.org/system/files/official-document/ tdr2020_en.pdf Acesso em: 14 out. 2020.

VAN PARIJS, Philippe. "Competing justifications of basic income". *In: Arguing for basic income:* ethical foundations for a radical reform. London: Verso, 1992.

VAN PARIJS, Philippe. "Au delà de la solidarité. Les fondements éthiques de l'Etat-providence et de son dépassement". *Futuribles*. Paris: Futuribles Sarl, n. 184, 05-29, février, 1994.

VIEIRA, Bárbara Muniz. Faculdades particulares de SP lotam salas virtuais com até 180 alunos e demitem mais de 1.600 professores durante pandemia. Rio de Janeiro: *O Globo*, 2020. Disponível em: https://g1.globo.com/sp/sao-paulo/ noticia/2020/09/02/faculdades-particulares-de-sp-lotam-salas-virtuais-com--ate-180-alunos-e-demitem-mais-de-1600-professores-durante-pandemia. ghtml Acesso em: 15 jan. 2020.

WALLACE, Rob. *Pandemia e agronegócio:* doenças infecciosas, capitalismo e ciência. São Paulo: Editora Elefante & Igrá Kniga, 2020.

WORLD BANK. Global Economic Prospects. *Flagship Report* – June, 2020. Disponível em: https://www.worldbank.org/en/publication/global-economic--prospects Acesso em: 14 out. 2020.

WORLD BANK. Global Economic Prospects. *Flagship Report* – January, 2021. Disponível em: https://www.worldbank.org/en/publication/global-economic--prospects Acesso em: 14 jan. 2021.

ZIZEK, Slavoj. *PANDEMIA* – Covid-19 e a reinvenção do comunismo. Tradução de Artur Renzo. São Paulo: Editora Boitempo: 2020.

ZINN, Howard. *Une histoire populaire des* États-*Unis*. Marseile: Agone, 2002.

Sobre os autores

Rosa Maria Marques
https://orcid.org/0000-0002-5624-0885
Economista. Doutorado em Economia. Professora titular de economia da Pontifícia Universidade Católica de São Paulo (PUCSP, São Paulo, Brasil).
R. Monte Alegre, 984 – Perdizes, São Paulo – SP, CEP: 05014-901.
E-mail: rosamkmarques@gmail.com

Marcel Guedes Leite
https://orcid.org/0000-0001-9305-9703
Economista. Doutorado em Economia de Empresas. Professor Assistente Doutor da Pontifícia Universidade Católica de São Paulo (PUCSP, São Paulo, Brasil).
R. Monte Alegre, 984 – Perdizes, São Paulo – SP, CEP: 05014-901.
E-mail: magle@uol.com.br

Solange Emilene Berwig
https://orcid.org/0000-0002-6964-044X
Assistente Social. Doutorado em Serviço Social. Professora adjunta de Serviço Social da Universidade Federal do Pampa. (Unipampa, São Borja, Brasil).
Rua Ver. Alberto Benevenuto, 3200 – Passo, São Borja, RS, CEP: 97670-000.
E-mail: solangeberwig@unipampa.edu.br

Marcelo Álvares de Lima Depieri
http://orcid.org/0000-0002-2175-2098?lang=en
Economista. Doutorado em Ciências Sociais. Professor titular de economia da Universidade Paulista (Unip, São Paulo, Brasil). Av. Marquês de São Vicente, 3001, mezanino, sala dos professores, Água Branca, São Paulo, SP, CEP: 05037-040.
E-mail: cellodepieri@gmail.com